FACULTÉ MIXTE DE MÉDECINE ET DE PHARMACIE
DE BORDEAUX

COURS
DE
CHIMIE ORGANIQUE

PROGRAMME AIDE-MÉMOIRE

DES LEÇONS

Du Dr Ch. BLAREZ

Professeur de Chimie à la Faculté de Médecine et de Pharmacie
de Bordeaux

Prix : **3** francs

PARIS
G. MASSON, LIBRAIRE-ÉDITEUR
boulevard Saint-Germain, 120

BORDEAUX
FERET & FILS, LIBRAIRES ÉDITEURS
15, cours de l'Intendance

1890

COURS DE CHIMIE ORGANIQUE

PROGRAMME AIDE-MÉMOIRE

FACULTÉ MIXTE DE MÉDECINE ET DE PHARMACIE
DE BORDEAUX

COURS

DE

CHIMIE ORGANIQUE

PROGRAMME AIDE-MÉMOIRE

DES LEÇONS

Du Dr CH. BLAREZ

Professeur de Chimie à la Faculté de Médecine et de Pharmacie
de Bordeaux

PARIS | BORDEAUX
G. MASSON, LIBRAIRE ÉDITEUR | FERET & FILS, LIBRAIRES ÉDITEURS
boulevard Saint-Germain, 120 | 15, cours de l'Intendance

1890

AVERTISSEMENT

Le cours de Chimie organique professé à la Faculté mixte de médecine et de pharmacie de Bordeaux s'adresse à la fois à la 1re année d'étude de médecine et aux trois années de pharmacie. Cet enseignement doit donc être très complet au point de vue des applications médicales et pharmaceutiques.

Pour arriver à développer comme il doit l'être le programme très vaste que cet enseignement comporte, nous sommes obligé, tout en le parcourant en son entier et d'une façon sommaire chaque année, de le diviser pour les détails en trois parties que nous développons alors plus complètement en trois années successives. Ces trois parties comportent :

1° Les composés organiques non azotés ;
2° Les composés organiques azotés ;
3° Les composés ayant des rapports directs avec la biologie.

Les étudiants en médecine ont, grâce à des conférences supplémentaires s'il y a lieu, un enseignement complet. — Les étudiants en pharmacie qui suivent ce cours pendant trois ans peuvent voir également et dans tous leurs détails toutes les parties de la chimie organique.

Nous publions aujourd'hui le programme de notre enseignement. Nous avons voulu en même temps résumer et rappeler les principaux faits, ceux qui, autant que possible, doivent être retenus par les élèves. La lecture de ce programme, que nous intitulons *Aide-Mémoire*, rendra, nous en sommes convaincu, de grands services aux élèves qui suivent nos cours. Il leur facilitera la rédaction de nos leçons et leur permettra de jeter un rapide coup d'œil d'ensemble sur toute la chimie organique, par exemple à la veille d'un concours ou d'un examen.

Le lecteur de ce *Programme Aide-Mémoire* devra faire attention que le style concis qu'il renferme, les abréviations nombreuses que nous avons été obligé d'employer, ne sont dans la plupart des cas suffisamment explicatifs que si on a suivi les leçons qui s'y trouvent résumées ; et que souvent un mot isolé représente toute une phrase. Ce n'est pas en effet un ouvrage de chimie que nous avons voulu produire, mais simplement un programme détaillé.

Dr Ch. BLAREZ.

Bordeaux, le 17 mars 1890.

TABLE ANALYTIQUE DES MATIÈRES
MENTIONNANT LES PRINCIPAUX COMPOSÉS DONT IL EST PARLÉ.

Généralités.....................	1
Définition, éléments constitutifs, principes immédiats...........	1
Analyse immédiate	1
Analyse élémentaire	2
Synthèse des composés organiques.	2
Formules	3
Fonctions chimiques............	3

PREMIÈRE PARTIE
1re SOUS-DIVISION. — Série grasse.

Hydrocarbures forméniques	4
Hydrocarbures éthyléniques......	5
Hydrocarbures acétyléniques......	6
Méthane et dérivés...............	7
Chloroforme	8
Éthane et dérivés................	9
Éthylène........................	10
Acétylène.......................	11
Pétrole, naphte, paraffine, vaseline.	12
Alcools : Généralités	13
Alcool méthylique................	14
Alcool éthylique.................	15
Oxyde d'éthyle (éther ordinaire)...	16
Alcools propyliques, butyliques, amyliques.....................	17
Glycols : Généralités	17
Glycol éthylénique, oxyde d'éthylène...........................	18
Glycérols et glycérine, glycide	19
Érythrol ou érythrite.............	19
Éthers : Généralités	20
Éthers principaux (à acides minéraux)........................	21
Nitroglycérine...................	22
Aldéhydes : Généralités	22
Acétones ou cétones : Généralités.	23
Aldéhyde ordinaire ou éthylique..	23
Aldéhyde trichlorée ou chloral....	25
Acétone ordinaire................	26
Acides organiques : Généralités...	26
Composés sulfurés, mercaptans...	26
Dérivés organo-métalliques.......	27
Produits méthyliques ou formiques.	27
Acide formique, éthers formiques.	27
Produits éthyliques, viniques ou acétiques.....................	28
Acide acétique et acétates, éthers acétiques.....................	28
Cacodyle........................	29
Acide oxalique et oxalates	32
Produits propyliques.............	34
Acides lactiques	34
Acide pyruvique.................	35
Produits allyliques...............	35
Produits butaniques	36
Acides butyriques................	37
Acides muciques.................	37
Acides maliques.................	37
Acides tartriques et tartrates......	37
Émétiques	38
Produits crotoniques.............	39
Acide fumarique, maléique.......	40
Produits pentaniques ou valériques.	40
Acides valériques, éthers valériques et valérates...............	40
Produits angéliques : ac. angélique.	41
Matières gommeuses et pectiques, gommes	41
Produits hexyliques, carbures et alcools........................	42
Mannite, quercite et pinite.......	42
Sorbite, dulcite..................	43
Glucoses : dextrose, lévulose......	43
Glucosides : amygdaline, coniférine, salicine, etc...................	44
Saccharides : saccharose..........	45
Lactose.........................	46
Maltose.........................	46
Acides en C^6 : ac. caproïque, adipique, saccharique et mucique..	46
Acide citrique et citrates	47
Matières amylacées et cellulosiques : amidon, dextrines, inulines, bois, fibres textiles, papier, coton-poudre, collodion	47
Produits heptyliques et œnanthyliques...........................	49
Produits œthyliques ou capryliques.	49
Produits nonaniques ou pélargoniques.........................	50
Produits décyliques ou capriques..	50
Produits duodécyliques ou lauriques...........................	50
Produits tétradécyliques ou myristiques..........................	51
Produits hexadécyliques, éthaliques ou palmitiques	51

Produits stéariques ou oléiques...	51
Produits arachiques...	51
Produits cérotiques...	51
Produits myriciques ou mélissiques...	51
Corps gras : huiles, graisses et beurres, suifs...	52
Chandelles, bougies stéariques, savons...	56
Cires...	57
Composés divers : sulfonal...	57

2ᵉ Sous-Division. — Composés aromatiques.

Généralités...	58
Gaz de l'éclairage et goudrons de houille...	58
Noyaux aromatiques principaux...	59
Hydrocarbures aromatiques : Généralités...	59
Benzène...	60
Naphtalène...	61
Anthracène...	62
Phénols : Généralités...	62
Phénol ordinaire (ac. phénique)..	63
Créosote...	64
Thymol...	64
Naphtols...	64
Pyrocatéchine, résorcine, hydroquinone...	64
Orcine, orséine, tournesol...	64
Pyrogallol (ac. pyrogallique)...	65
Quinones : Généralités...	65
Quinone, naphtaquinone, anthraquinone...	65
Alizarine et purpurine, ac. rufigallique...	66
Alcools, aldéhydes et acides aromatiques...	66
Famille benzylique (ac. benzoïque).	66
Famille cinnamique (ac.: atropique, tropique et isotropique)...	67
Acides toluiques...	67
Acides phtaliques...	67
Phtaléines et phénol-phtaléine...	67
Fluorescéine, éosine...	67
Famille cuminique...	68
Saligénine...	68
Aldéhyde salicylique...	68
Coumarines...	68
Acide salicylique, éthers et salicylates...	68
Famille anisique...	69
Famille protocatéchique et vanillique...	69
Aldéhyde méthylprotocatéchique (vanilline)...	69
Acide gallique...	70
Tannins...	70
Hydrocarbures térébiques : Généralités...	71
Essences de térébenthine ou terpènes...	71
Camphres...	73
Terpine...	73
Caoutchouc et gutta-percha...	73
Essences naturelles ou huiles essentielles...	74

3ᵉ Sous-Division. — Composés azotés.

Généralités...	75
Dérivés nitrés ou nitrosés...	75
Nitrobenzènes (ess. de mirbane)..	75
Nitrophénols (ac. picrique)...	76
Dinitronaphtol (jaune d'or)...	76
Dérivés ammoniacaux...	76
Amines : Généralités...	76
Méthylamines...	77
Éthylamines...	77
Phénylamine ou aniline...	77
Amides : Généralités...	78
Formiamide...	79
Acétamide...	79
Urée ou carbamide...	79
Uréides...	80
Oxamide...	81
Carbimide (ac. pseudocyanique et cyanates)...	81
Cyanamide et guanidine...	83
Acétaniline ou antifébrine; exalgine...	83
Névrine...	83
Muscarine...	84
Glycocolle ou glycolamine...	84
Sarcosine...	84
Acide oxamique...	84
Acide hippurique...	84
Asparagine...	84
Phénétidines ou phénédines...	85
Saccharine...	85
Amines aromatiques complexes : Généralités...	85
Rosaniline...	85
Fuchsine...	86
Rouges, violets, bleus, verts, jaunes et noirs d'aniline...	86
Indol, indigo, isatine...	86
Hydrazines...	86
Composés azoïques et diazoïques..	88
Couleurs diazoïques...	88
Dérivés cyanogénés : Généralités..	89
Acide cyanhydrique (prussique)...	89

Cyanogène et cyanures; prussiates.	91
Acide fulminique	93
Cyanures alcooliques ou nitriles	94
Carbilamines	94
Composés pyridiques : Généralités.	94
Pyridine, picolines, collidines	95
Pyrrol et ses homologues	96
Antipyrine ou analgésine	96
Bases quinoléiques : quinoléine	96
Kairine	97
Alcaloïdes : Généralités	97
Cicutine, nicotine, aconitine	98
Opium : morphine, codéine, etc.	99
Cocaïne	99
Pilocarpine, ésérine ou physostigmine	100
Strychnine et brucine	100
Caféine et théobromine	100
Quinine et alcaloïdes des quinquinas	101
Atropine, hyoscyamine	103

DEUXIÈME PARTIE
(Biologique).

1re Sous-Division. — Matières protéiques et constitutives de l'organisme.

Matières protéiques : Généralités	105
Albumine du blanc d'œuf	106
Sérine, albumine végétale	106
Fibrines (myosine)	106
Globulines, vitelline, caséines	107
Syntonines	107
Peptones	108
Matières muqueuses : mucine	108
Matières gélatineuses ou collagène.	108
Matières cornées, kératine	109
Nucléine, colloïdine, chitine	109
Produits de désassimilation : Généralités	109
Acide urique	110
Xanthine	110
Hypoxanthine ou sarcine	110
Carnine	111
Guanine	111
Créatine et créatinine	111
Lécithines, cérébrine, protagon, etc.	111
Cholestérine	112
Inosite	112
Glucogène	112
Décomposition des matières albuminoïdes : Généralités	113
Ptomaïnes et leucomaïnes	113
Ferments solubles ou diastases	113
Liquides et tissus de l'organisme	113
Salive	113
Suc gastrique	114
Suc pancréatique	114
Suc intestinal	114
Sang, hémoglobine, etc	115
Lymphe	118
Chyle	118
Tissu adipeux	118
Tissu nerveux	118
Tissu musculaire	118
Tissu osseux, dents	119

2e Sous-Division. — Ingesta.

Généralités	120
Apéritifs et condiments	120
Antidéperditeurs	120
Aliments	120
Altération des aliments	121
Conservation des aliments	121
Falsification des subst. alimentaires.	121
Coloration des subst. alimentaires.	121
Vins	122
Vinaigre	123
Bières	123
Cidres	123
Lait	124
Aliments féculents : Farines	125
Gluten	126
Panification : pain	126
Pâtes alimentaires	126
Chocolat	127

3e Sous-Division. — Excreta.

Bile, acides et pigments biliaires	128
Calculs biliaires	129
Sérosités	129
Sueur	129
Matières sébacées	130
Cérumen	130
Pus	130
Urines	130
Calculs urinaires	132
Excréments solides ou fèces	133
Appendice à la chimie biologique	133
Engrais	133
Programme des travaux pratiques pour les étudiants en médecine de 1re année	135

COURS DE CHIMIE ORGANIQUE

PROGRAMME AIDE-MÉMOIRE

GÉNÉRALITÉS

DÉFINITION DE LA CHIMIE ORGANIQUE. — Chimie des principes constitutifs des organes animaux ou végétaux. — Étude des composés renfermant du carbone.

ÉLÉMENTS CONSTITUTIFS DES SUBSTANCES ORGANIQUES. — C; H; O; A; et accidentellement Cl; Br; I; S; P; etc.

PARTICULARITÉ DU CARBONE. — Métalloïde tétravalent apte à former des noyaux ou des chaînes, dans lesquelles plusieurs atomes sont rivés entre eux.

COMPOSÉS DE LA SÉRIE GRASSE OU ACYCLIQUE. — Les atomes de carbone sont supposés former des chaînes ouvertes.

COMPOSÉS DE LA SÉRIE AROMATIQUE OU CYCLIQUE. — Les atomes de carbone sont supposés former des chaînes fermées.

RECHERCHE DU CARBONE DANS UNE SUBSTANCE. — 1° Par l'action d'une forte chaleur : résidu charbonneux insoluble dans l'acide azotique. — 2° Dégagement de gaz carbonique par calcination avec oxyde cuivrique.

RECHERCHE DE L'HYDROGÈNE. — Dégagement d'eau par calcination avec oxyde cuivrique.

RECHERCHE DE L'AZOTE. — 1° Dégagement d'AH^3 par calcination avec chaux sodée. — 2° Formation de cyanure alcalin par calcination avec un métal alcalin.

RECHERCHE DE L'OXYGÈNE. — Se reconnaît par des procédés divers; se trouve par différence dans une analyse quantitative.

RECHERCHE DU S. P. Cl., etc. — Procédés spéciaux.

PRINCIPES IMMÉDIATS ORGANIQUES. — Corps définis carbonés dont la réunion constitue les différentes parties d'un végétal ou d'un animal, et susceptibles d'être isolés et purifiés.

ANALYSE IMMÉDIATE. — Séparation des principes immédiats constitutifs d'une substance complexe. Exemples : farines, citron, etc.

PROCÉDÉS D'ANALYSES IMMÉDIATES. — Emploi : des *agents mécaniques*, des *dissolvants neutres* : eau, alcool, éther, chloroforme, benzine et benzène, pétrole et hydrocarbures, éther acétique, alcool amylique, sulfure de carbone, etc., etc.; — de *certains réactifs appropriés*. — Moyens utilisant l'*évaporation,* la *distillation,* la *cristallisation.* — Moyens spéciaux.

Exemples divers:

ANALYSE ÉLÉMENTAIRE. — Détermination pondérale et centésimale des éléments C. H. O. A., etc., constituant un principe immédiat.

DOSAGE DU CARBONE ET DE L'HYDROGÈNE. — On brûle complètement un poids donné de matière dans un tube spécial chauffé au rouge dans une grille à analyse, au moyen d'oxyde noir de cuivre et dans un courant d'oxygène pur et sec.

Le C est transformé en CO^2, absorbé par une solution concentrée de potasse. $CO^2 \times 0,272 = C$.

L'H est transformé en H^2O, absorbée par de la ponce sulfurique. $H^2O \times 0,111 = H$.

ÉVALUATION DE L'OXYGÈNE. — Si le corps ne contient ni azote ni autres éléments, on a : $O = $ poids du corps $- C - H$.

DOSAGE DE L'AZOTE. — *Procédé Dumas:* destruction de la substance par CuO; modifications diverses. — *Procédé Will et Warentrapp:* calcination avec chaux sodée; l'azote est dosé à l'état d'AH^3. — Modifications diverses. — Houzeau: mélange salin formé d'acétate et d'hyposulfite de sodium. — *Procédé Kindjal:* oxydation par MnO^4K et dosage à l'état d'AH^3.

SYNTHÈSE DES COMPOSÉS ORGANIQUES. — Formation directe au moyen de composés très simples ou d'éléments.

UNION DU C ET DE L'H. — Œuf électrique : $C^2 + H^2 = C^2H^2$ (acétylène) (M. Berthelot).

FORMATION DES HYDROCARBURES. — 1º Action de chaleur rouge sur acétylène : benzène et carbures polyacétyléniques.

$$3 C^2H^2 = C^6H^6 \text{ (benzène).}$$

2º Action de chaleur sur mélange d'acétylène et d'hydrogène.

$$C^2H^2 + H^2 = C^2H^4 \text{ (éthylène).}$$
$$C^2H^2 + 2H^2 = C^2H^6 \text{ (éthane).}$$
$$C^2H^2 + 3H^2 = 2CH^4 \text{ (formène).}$$

SYNTHÈSE DES ALCOOLS (EN DEUX RÉACTIONS SUCCESSIVES). — 1º Action des halogènes sur hydrocarbures de la série grasse.

$$\text{Exemple : } C^2H^6 + Cl^2 = HCl + C^2H^5Cl.$$

2º Action de potasse KOH sur le dérivé halogène.

$$C^2H^5Cl + KOH = KCl + C^2H^5OH \text{ (alcool).}$$

SYNTHÈSE DES ALDÉHYDES. — Oxydation ménagée des alcools.

$$\text{Ex.: } C^2H^5OH + O = H^2O + C^2H^3OH \text{ (aldéhyde).}$$

Synthèse des acides. — Oxydation des aldéhydes.

Ex.: $C^2H^3OH + O = C^2H^3OOH$ *(acide acétique)*.

Synthèses diverses. — Par ces procédés généraux et des procédés spéciaux, on peut reproduire synthétiquement un très grand nombre de composés naturels.

REPRÉSENTATION DES COMPOSÉS PAR DES FORMULES. — Les formules doivent représenter la nature et le nombre des atomes qui entrent dans la constitution d'une molécule. Le poids moléculaire de la substance est égal à la somme des poids des atomes constitutifs. Une molécule représente deux volumes.

Formules brutes. — On les écrit généralement en suivant l'ordre suivant : C. H. O. et A., en indiquant par des chiffres placés en exposant le nombre d'atomes de chacun de ces éléments.

Radicaux. — Réunion plus ou moins hypothétique d'éléments constituant des groupements, qui sont censés pouvoir passer d'une combinaison dans une autre sans être modifiés. Comme les éléments eux-mêmes, les radicaux sont mono ou polyvalents. La valence se représente comme s'il s'agissait de corps élémentaires.

On réunit les radicaux qui constituent une molécule par des points ou des petits traits, simples, doubles, triples ou quadruples, suivant leur valence.

Exemples : $R'-R'$; $R''=R''$; $R'''\equiv R'''$; $R^{IV}\equiv\equiv R^{IV}$;
$R'-R''-R'$; $R''=(R)'(R)'$; $R''=(R)'^2$; $R'-R'''=R'$; $R''=R^{IV}=R''$; etc.

FONCTIONS CHIMIQUES. — Rôles spéciaux que jouent les corps dans les réactions ou dans la statique chimique. Fonction *alcoolique*, fonction *phénolique* ; fonction *aldéhydique* ; fonction *acide* ; fonction *alcaline* ; fonctions *mixtes* pour certains corps ; fonctions diverses plus ou moins saisissables.

Formules rationnelles. — La formule indique, en même temps que la *composition* de la molécule du corps, sa *fonction chimique*, grâce au détachement de certains *groupements conventionnels*, dont voici les principaux :

Fonction *alcoolique*,   – (OH).
— *aldéhydique*,   – (COH).
— *acide*,   – (COOH) ou (O^2H).

C'est-à-dire des *radicaux monovalents* qui sont réunis par un *lien* au reste de la molécule.

ÉTABLISSEMENT DE LA FORMULE D'UN COMPOSÉ ORGANIQUE. — 1° Établir sa composition quantitative élémentaire et centésimale. — 2° Établir sa formule atomique brute en divisant les proportions respectives et centésimales des éléments trouvés, par les poids atomiques de ces mêmes éléments. — 3° Déterminer le poids moléculaire de la substance. — 4° Chercher la ou les fonctions chimiques du corps analysé.

PREMIÈRE PARTIE.

Étude générale des substances utilisées en médecine ou en pharmacie ou devant être connues des Médecins et des Pharmaciens.

1re Sous-Division. — COMPOSÉS DE LA SÉRIE GRASSE OU ACYCLIQUE.

Hydrocarbures de la série grasse.

DÉFINITION. — Composés de C et d'H qui, par suite de substitutions ou d'additions, engendrent les produits de la série grasse. Les atomes de C sont supposés former une chaîne ouverte.

CLASSIFICATION. — *Classés* en *séries* dans lesquelles le rapport entre les atomes de C et d'H est constant.

La 1re série, dite *forménique*, a pour formule générale C^nH^{2n+2}.
   2e   —   —   *éthylénique*,   —   — C^nH^{2n}.
   3e   —   —   *acétylénique*,   —   — C^nH^{2n-2}.

Outre ces trois séries, qui sont les plus importantes, il en existe d'autres ayant pour formules générales :

$$C^nH^{2n-4} ; \quad C^nH^{2n-6} ; \quad C^nH^{2n-8} ; \text{etc.}$$

SÉRIES HOMOLOGUES. — Dans chaque série d'hydrocarbures ou de leurs dérivés, on observe une suite de composés différant entre eux par CH^2. — Homologue supérieur. — Homologue inférieur.

Hydrocarbures forméniques.

ÉTAT NATUREL. — Vase des marais; mines de houille, de sel gemme; pétroles; puits à pétrole; gaz naturels, etc.

NOMENCLATURE. — *Hofmann*, terminaison *ane*. La première partie du nom représente la condensation (c'est-à-dire le nombre d'atomes de carbone). — *Gerhardt*. Hydrure d'un radical dont le nom est le même que celui d'Hofmann, mais terminé en *yle*. — *M. Berthelot*. Nom terminé en *ène*, tiré du nom de l'acide monobasique correspondant; ou plus généralement : *hydrure* du carbure éthylénique correspondant.

LISTE DES CINQ PREMIERS TERMES (EXCEPTIONS) :

   CH^4 = protane ou méthane, hydrure de méthyle, formène.
   C^2H^6 = deutane ou éthane, hydrure d'éthyle, hy. d'éthylène.
   C^3H^8 = tritane ou propane, hydrure de propyle, hy. de propylène.
   C^4H^{10} = tétrane ou butane, hydrure de butyle, hy. de butylène.
   C^5H^{12} = pentane, hydrure d'amyle, hy. d'amylène.

PRÉPARATIONS. — *Réaction hydrogénante universelle.* — Action de HI en solution saturée (D = 2) à 280°, en tube scellé sur un composé organique renfermant même nombre d'atomes de carbone que le carbure que l'on veut obtenir (M. Berthelot). — Tubes; bains d'huile; blocs de fonte; bains d'air; régulateurs.

SYNTHÈSES SUCCESSIVES. — 1° Transformation de CH^4 en CH^3I *(iodure de méthyle)*. 2° Action de Na^2 sur $2CH^3I$: $2(CH^3I) + Na^2 = 2NaI + CH^3-CH^3 = C^2H^6$. 3° Transformation de C^2H^6 en C^2H^5I *(iodure d'éthyle)* et action de Na^2 sur mélange de C^2H^5I et CH^3I : $C^2H^5I + CH^3I + Na^2 = 2NaI + C^2H^5-CH^3 = C^3H^8$, etc. Procédés spéciaux et variables.

PROPRIÉTÉS GÉNÉRALES. — Les cinq premiers termes sont gazeux; les derniers solides et les intermédiaires liquides.

COMPOSÉS SATURÉS. — Ne peuvent se modifier que par substitution; ex.:

$$C^nH^{2n+2} + Cl^2 = HCl + (C^nH^{2n+1})'-Cl.$$
$$C^nH^{2n+2} + 2Cl^2 = 2HCl + (C^nH^{2n})''=Cl^2.$$

SYNTHÈSE DES ALCOOLS MONOATOMIQUES. — Les dérivés monohalogénés traités par l'acétate d'argent donnent l'éther acétique correspondant et un haloïdure d'argent. L'éther acétique traité par KOH ou NaOH est *saponifié;* il se forme de l'acétate alcalin et de l'*alcool monatomique*.

USAGES ET APPLICATIONS. — Variables avec état physique : éclairage, chauffage, graissage, dissolvant, fabrication de bougies spéciales, base de médicaments.

RADICAUX HYDROCARBURÉS. — Les carbures forméniques desquels on détache par la pensée 1, 2, 3 ou 4 atomes d'hydrogène constituent alors des *restes* ou *radicaux,* mono, di, tri ou tétravalents.

Hydrocarbures éthyléniques.

ÉTAT NATUREL ET PRODUCTION. — N'existent pas dans la nature, se dégagent dans la distillation sèche des mat. organ.: résines; corps gras; sels à ac. organ.; houille; boghead.

FORMULE GÉNÉRALE ET CONSTITUTION. — C^nH^{2n}. — Les atomes de C sont unis entre eux par des liens doubles ou simples. Certains liens doubles peuvent facilement se briser, le corps devient *radical bivalent*.

ISOMÉRIE. — CORPS ISOMÈRES. — Corps ayant même formule brute sans avoir même constitution; propriétés physiques différentes, qqf. fonctions différentes. Cas nombreux d'isomérie chez les hydroc. éthyléniques.

NOMENCLATURE. — Terminaison *ylène,* la condensation est rappelée par les prépositions deut, tryt. tétr, pent, etc., noms spéciaux.

LISTE DES PLUS IMPORTANTS.

Formule brute.	Noms et formules rationnelles.		État physique.
C^2H^4	Éthylène ou deutylène............	$CH^2=CH^2$	gazeux.
C^3H^6	Propylène ou tritylène............	$CH^2=CH-CH^3$	id.
C^4H^8	Butylènes ou tétrylènes. { Éthylinile ...	$CH^2=CH-CH^2-CH^3$	id.
	Isobutylène ...	$CH^2=C=(CH^3)^2$	id.
	Pseudo-butylène	$CH^3-CH=CH-CH^3$	bout à + 3°.
C^5H^{10}	Amylène ou pentylène............	$CH^2=CH=CH=(CH^3)^2$	id. à +25°.
C^6H^{12}	Hexylènes (on en connaît 4 isomériques)		liquides.
C^7H^{14}	Heptylènes (on en connaît 5 isomériques)		id.
C^8H^{16}	Octylènes (on en connaît 2 isomériques)		id.

MODES GÉNÉRAUX D'OBTENTION. — 1° Déshydratation des monalcools.

$$(C^nH^{2n+1})'-OH - H^2O = C^nH^{2n}.$$

2° Act. de KOH en solut. alcoolique sur iodures ou chlorures de radicaux alcooliques :

$$(C^nH^{2n+1})'-I + KOH = KI + H^2O + C^nH^{2n}.$$

PROPRIÉTÉS PHYSIQUES. — Comparables à celles des hydroc. forméniques.
PROPRIÉTÉS CHIMIQUES. — Combustibles. — S'unissent directement : à froid à Cl^2, Br^2, I^2; — à H^2 (act. de HI à 280°) pour donner C^nH^{2n+2}; — à HCl, HBr, HI pour donner $(C^nH^{2n+1})'-Cl$, etc.; — à SO^4H^2 pour donner $SO^4H(C^nH^{2n+1})'$; — à ClOH pour donner $(C^nH^{2n})''=(OH)'(Cl)'$.

PRODUITS DE SUBSTITUTION. — Obtenus par voie indirecte (Voir Éthylène).

Hydrocarbures acétyléniques.

ÉTAT NATUREL. — Produits artificiels.
FORMULES GÉNÉRALES ET CONSTITUTION. — C^nH^{2n-2} — Carbones réunis par 1, 2 ou 3 liens. — Nombreux cas d'isomérie.
NOMENCLATURE. — Terminaison en *ylène*.

LISTE DES PRINCIPAUX.

Formules brutes				
C^2H^2	Acétylène........	$(CH)\equiv(CH)$		gazeux
C^3H^4	Allylène.........	$CH^3-C\equiv CH$		gazeux
C^4H^6	Crotonylène......	?		bout + 20°-25
C^5H^8	{ Valérylène.......	$CH^2=C=C=(CH^3)'^2$		id. + 45°
	Propylacétylène..	$CH^3-CH^2-CH^2-C\equiv CH$		id. + 50°
	Isopropylacétylène	$CH\equiv C-CH=(CH^3)'^2$		id. + 35°

MODES GÉNÉRAUX D'OBTENTION. — Act. de chaleur 130°-150° sur dérivé monobromé des hydroc. C^nH^{2n} addit. d'éthylate de Na

$$(C^nH^{2n-1})'Br + C^2H^5ONa = C^nH^{2n-2} + NaBr + C^2H^5(OH).$$

Propriétés physiques. — État variable avec condensation — odeur souvent alliacée.

Propriétés chimiques. — Les hydroc. gazeux forment avec solut. amm. de Cu^2Cl^2, comp. insol. rouge, explosif décomposé par HCl avec product. de l'hydroc.

Composés d'addition. — S'unissent directement : à 2 ou 4 at. de Cl, Br, I ; — à une ou 2 mol. de HCl, HBr, HI.

Produits d'oxydation. — Donnent acides organiques sous l'action oxydante de CrO^3, MnO^4K.

POLYMÉRISATION. — Polymérie — corps polymères. — Deux ou plusieurs mol. se condensent en une seule pour donner $(C^nH^{2n-2})^n$; — action de chaleur — de SO^4H^2 — *Corps polymères en général.*

ANALYSE DES HYDROCARBURES GAZEUX. — *Carbures isolés.* Emploi de l'eudiomètre — combustion avec excès d'O — explosion — CO^2 absorbé par KOH. — *Carbures mélangés.* Emploi successif des réactifs et de l'eudiomètre — chlorure cuivreux en solut. amm. pour absorber hydroc. acétyléniques, et brome pour absorber hydroc. éthyléniques. — Les hydroc. forméniques ne sont pas absorbés ; — dissolvants spéciaux ; — manuel opératoire ; — exemples d'analyses ; — analyse sommaire des produits de combustion plus ou moins complète.

Hydrocarbure renfermant C^1.

MÉTHANE CH^4 (formène, hydrure de méthyle, hydrogène protocarboné, gaz des marais, grisou, terrou). — Se trouve dans la vase des marais, dans les mines, etc. — Gaz à peu près permanent, liquéfié par détente brusque, après compression à 100 atm. et refroidissement. — Inod. ; incol. ; insipide — $D = 0,56$. — Inso. dans l'eau ; solu. dans 2 vol. d'alcool.

Préparation : *Procédé Persoz.* — Act. de chal. rouge sur mél. d'acét. de Na et de chaux sodée.

$$C^2H^3OONa + NaOH = CO^3Na^2 + CH^4.$$

Procédé Berthelot. — Act. de H^2S et de CS^2 sur Cu légèrement chauffé.

$$4\,Cu + 2H^2S + CS^2 = 4\,CuS + CH^4.$$

Propriétés chimiques : Combustible, flamme peu éclairante. — Mél. déton^t avec 2 fois son vol. d'O.

$$CH^4 + 4O = CO^2 + 2H^2O.$$

Action des halogènes : Donnent des produits de substitution en même temps que des acides halogénés ; Ex : CH^3Cl ; CH^2Cl^2 ; $CHCl^3$, CCl^4.

Radicaux hypothétiques dérivés du formène : $(CH^3)'$ ou *méthyle* — $(CH^2)''$ ou *méthylène* — $(CH)'''$ ou *méthényle.*

Remarques hygiénologiques : Irrespirable, mais non toxique. — Feu grisou. — Lampes de sûreté (Davy) ; lampes électriques. — Appareils mesureurs et avertisseurs du grisou (grisoumètre de Coquillion au fil de palladium). — Appareils respiratoires à réservoir d'air (Fayol) pour descendre dans les mines. — Autres appareils destinés au même usage.

CHLORURE DE MÉTHYLE CH^3Cl (formène monochloré, éther méthylchlorhydrique.) — gaz incol.; od. éthérée; saveur sucrée liquéfiable; bou^t (—23°7); D = 0,99. — L'eau dissout 3 vol. de gaz.

PRÉPARATIONS : *Laboratoires*. — Distill. d'un mél. d'al. méthylique, d'ac. sulfurique et de NaCl.

$$2(CH^3OH) + SO^4H^2 + 2NaCl = SO^4,Na^2 + H^2O + 2CH^3Cl.$$

Industrie. — Calcination des vinasses de betteraves (chlorhydrate de bétaïne ou triméthylglycocolle), — CH^3Cl se dégage, — lavage, séchage et liquéfaction dans siphons métalliques (C. Vincent).

PROPRIÉTÉS CHIMIQUES : Combustible, flamme bordée de vert. — Traité par KOH fournit CH^3OH.

USAGES ET APPLICATIONS : *En médecine.* — Anesthésique et réfrigérent local. — *Dans les laboratoires :* appareils frigorifiques. — *Dans l'industrie :* fabrication de mat. colorantes artificielles; du chloroforme.

BROMURE DE MÉTHYLE CH^3Br (formène monobromé; éther méthylbromhydrique). Liq.: bou^t à 13° environ; D = 1,7.

PRÉPARATION : action ménagée du Br sur al. méthylique et phosphore rouge :

$$5(CH^3OH) + P + 5Br = 5CH^3Br + PO(OH)^3 + H^2O.$$

IODURE DE MÉTHYLE CH^3I (formène monoiodé; éther méthyliodhydrique.) Liq. inco.; bou^t à 44°; D = 2,19 Soluble dans 125 vol. d'eau.

PRÉPARATION : Comme CH^3Br.

MÉTHYLÈNE $(CH^2)''$ *radical hypothétique :* Ce corps n'existe pas en liberté, mais le radical se rencontre dans beaucoup de composés.

BICHLORURE DE MÉTHYLÈNE CH^2Cl^2 (formène bichloré). — Liq. incolore; D = 1,36. — Bou^t à 41°6.

PRÉPARATION : Action de la lumière solaire sur vol. égaux de Cl et de CH^3Cl.

USAGES ET APPLICATIONS : Préconisé comme anesthésique général. — (Produit souvent falsifié : mélange de $CHCl^3$ et CH^3OH.)

MÉTHÉNYLE $(CH)'''$ *radical hypothétique*. — Ne peut exister libr^t, mais se retrouve dans beaucoup de composés.

CHLOROFORME ou TRICHLORURE DE MÉTHÉNYLE $CHCl^3$ (formène trichloré, bichlorure de méthyle monochloré.) — Découvert en France (Soubeiran); Allemagne (Liebig). (Propriétés anesthésiques découvertes par Flourens et Simpson.) — Liq. incolore, mobile, odeur agréable et spéciale. — Très volatil. — D = 1,49; presque ins. dans l'eau 1 0/0; sol. dans l'alcool. — Dissout un grand nombre de corps.

PRÉPARATION INDUSTRIELLE: Action de chaux éteinte et de chlorure de chaux sur eau et alcool. — Chauffer légèrement.

Réactions: 1° $C^2H^5OH + O = C^2H^3OH + H^2O$.
2° $C^2H^3OH + 6Cl = C^2Cl^3OH + 3HCl$.
3° $2(C^2Cl^3OH) + CaO^2H^2 = 2CHCl^3 + (CHO^2)^2Ca''$.

CARACTÈRES DE PURETÉ: Odeur sucrée; ni âcre ni suffocante. — Bout à + 60°,8. — Ne doit pas se troubler avec l'eau (alcool). — Ne doit ni rougir ni décolorer le papier de tournesol (HCl,Cl,COCl²). — Ne doit pas précipiter AO^3,Ag (HCl et éther chloroxycarbonique). — Ne doit pas brunir par SO^4H^2 (alcool et mat. organ. diverses).

ALTÉRATION: Le chloroforme pur soumis à l'action de la lumière et de O, donne $HCl + COCl^2$.

CHLOROFORME ANESTHÉSIQUE: Digestion avec 1 à 2 centièmes de SO^4H^2. — Lavage avec NaOH. — On distille sur $CaCl^2$ desséché. — Conserver dans flacons pleins à l'abri de la lumière après addition de qq. centièmes d'alcool pur ou d'éther ordinaire.

PROPRIÉTÉS CHIMIQUES: Brûle très difficilement.

USAGES ET APPLICATIONS. *Chimiques :* Dissolvant des corps gras, résines, caoutchouc, soufre, phosphore, iode (analyse immédiate). — *Médicaux :* Anesthésique puissant (anesthésie générale), 6 à 7 fois plus actif que l'éther. — Inhalations, paralyse les muscles du cœur et des centres respiratoires. — Cornets respiratoires, air saturé de chloroforme. 1 litre d'air à 15° peut renfermer 1 gr. de ce corps; — à 30°, 2 gr. — Eau chloroformée. — Potions chloroformées.

TOXICOLOGIE. — Recherche dans le sang; courant d'air chaud; tube chauffé au rouge; tube de Liebig avec AO^3Ag.

BROMOFORME $CHBr^3$. — Liq. incol.; bout à + 150°. D = 2,8.

IODOFORME CHI^3. — Feuillets ou tables minces hexagonales; fusibles à 119°; insol. dans l'eau; solubles dans l'alcool et l'éther. — Odeur caractéristique. — Les solutions saturées se décomposent spontanément.

PRÉPARATION : On ajoute 1 p. d'alcool à une solut. de 2 p. de CO^3Na^2 dans 10 p. d'eau; on chauffe à 70° et on projette peu à peu 1 p. d'iode.

USAGES ET APPLICATIONS : Anesthésique local. — Antiseptique et antiparasitaire.

REMARQUES HYGIÉNOLOGIQUES sur ces produits.

Hydrocarbures renfermant C^2.

ÉTHANE C^2H^6 (acétène, hy. d'éthyle ou d'éthylène, diméthyle). — Gaz inc., inod., presque insol. dans l'eau, très peu dans l'alcool. — D = 1,036.

PRÉPARATION : 1° Décomposition en tube scellé de CH^3I par Zn :

$$2(CH^3I) + Zn = C^2H^6 + ZnI^2.$$

2° Électrolyse des acétates alcalins :

$$2(C^2H^3OOK) + 2H^2O = \underset{+}{C^2}H^6 + \underset{-}{H^2} + CO^3KH.$$

Propriétés chimiques : Combustible. — Hydrocarbure saturé jouissant des propriétés générales de ces composés.

CHLORURE D'ÉTHYLE C^2H^5Cl (éthane ou acétène monochloré, éther éthylchlorhydrique). — Liq. incol., bout à 12°5. D = 0,92. — Très peu sol. dans l'eau (1/2 de son vol.); miscible à l'alcool. — Odeur aromatique, forte, douceâtre et un peu alliacée.

Préparation : Act. de SO^4H^2 sur NaCl et C^2H^5OH. — On chauffe doucement : lavage du gaz; dessiccation et liquéfaction.

Propriétés chimiques : Combustible, flamme bordée de vert.

Action du chlore a la lumière : On obtient un dérivé chloré :

$$C^2H^5Cl + Cl^2 = HCl + C^2H^4(Cl)(Cl).$$

Chlorure d'éthyle monochloré : $C^2H^4Cl^2$ ou CH^3-CHCl^2 (isomérique avec liqueur des Hollandais, CH^2Cl-CH^2Cl). — Liq. mobile; incol., bout à 60°. — D = 1,17. — Saveur sucrée et poivrée.

Autres dérivés chlorés : Toujours par action de chlore on a obtenu : $C^2H^3Cl^3$; $C^2H^2Cl^4$; C^2HCl^5; CCl^6.

Synthèse de l'alcool : C^2H^5Cl saponifié peut donner C^2H^5OH.

Usages et applications du chlorure d'Éthyle : *Physiologie.* — Mélangé à l'alcool, a été employé comme antispasmodique. Respiré, il détruit la sensibilité, conserve la motricité des muscles tout en amenant leur relâchement. Injecté dans les veines, il conserve la sensibilité, détruit la motricité et amène une raideur tétanique des muscles.

BROMURE D'ÉTHYLE C^2H^5Br (Ethane ou acétène monobromé, éther éthylbromhydrique).— Liq. incol.; odeur et saveur éthérées pénétrantes. — Bout à 38°. — D = 1,46. — Très peu sol. dans l'eau; sol. dans : l'alcool et l'éther.

Préparation : Act. du Br sur P rouge et alcool. — Act. de Br sur alcool, Zn et SO^4H^2 (Dr Denigès).

Usages et applications : Anesthésique, employé en inhalations. — Moins dangereux que l'éther ordinaire lorsqu'on veut faire usage du thermocautère, parce que ses vapeurs sont moins inflammables.

IODURE D'ÉTHYLE C^2H^5I (Éthane ou acétène monoiodé, éther éthyliodhydrique.) — Liq. neutre; incolore lorsqu'il est récemment préparé. — Bout à 72°. — D = 1,97. — Ins. dans l'eau; miscible à l'alcool et à l'éther.

Préparation : Action de I sur P rouge et alcool.

Usages et applications : *En chimie :* sert à obtenir d'importantes réactions. — *En médecine :* antispasmodique puissant (coqueluche, asthme). — Usité en inhalations dans la gangrène pulmonaire et la phtisie.

ÉTHYLÈNE C^2H^4 (Deutylène, gaz oléfiant.) — Découvert par quatre hollandais. — Gaz incol., faible odeur. — D = 0,97. Un peu sol. dans l'eau et l'alcool. — Liquéfiable difficilement.

PRÉPARATION : Act. de SO^4H^2 sur C^2H^5OH, à $+ 165°$.

$$C^2H^5OH - H^2O = C^2H^4.$$

PROPRIÉTÉS CHIMIQUES : Brûle avec flamme éclairante. — Se combine directement à Cl^2, à Br^2, à I^2, à HCl, etc., etc.

LIQUEUR DES HOLLANDAIS : $C^2H^4Cl^2$ (Bichlorure d'éthylène, $CHCl-CHCl$) : — obtenue par l'act. de vol. égaux de Cl et de C^2H^4 à la lumière. — Liq. incol.; odeur chloroformée. Bou^t à 84°. D = 4,8. Ins. dans l'eau; sol. dans l'alcool et l'éther. — Composé isomérique avec CH^3-CHCl^2.

AUTRES DÉRIVÉS CHLORÉS : Le bich. d'éthylène ClH^2C-CH^2Cl traité par la potasse alcoolique à 100° donne :

$$ClH^2C-CH^2Cl + KOH = H^2O + KCl + H^2C=CHCl$$

susceptible d'absorber Cl^2 pour donner $ClH^2C-CHCl^2$ qui, traité encore par KOH, donne $ClHC=CHCl$; puis finalement $Cl^2C=CCl^2 = C^2Cl^4$.

ACTION DES HYDRACIDES : Se combine avec HCl; HBr; HI pour donner des composés identiques avec les chlorure, bromure et iodure d'éthyle.

ACTION DE L'ACIDE SULFURIQUE : Grâce à une longue agitation, se combine et forme *ac. éthylsulfurique*.

$$SO^4(H^2)(C^2H^4) \text{ ou } SO^4(H)'(C^2H^5)'.$$

SYNTHÈSE DU GLYCOL : Les bichlorure, bibromure saponifiés donnent :

$$(CH^2Cl)-(CH^2Cl) + 2HOH = 2HCl + (CH^2OH)-(CH^2OH) \text{ ou } C^2H^4(OH)^2.$$

ACTION DE ClOH : S'unit directement pour former la *monochlorhydrine du glycol* :

$$CH^2-CH^2 + ClOH = (CH^2Cl)-(CH^2OH).$$

ACÉTYLÈNE C^2H^2 : Corps important découvert par Davy et étudié méthodiquement par M. Berthelot. — Gaz incol. — Odeur fétide. — Liquéfiable sous forte pression. — D = 0,91. — Toxique.

PRÉPARATION : Œuf électrique. — Étincelles électriques sur gaz d'éclairage. — Combustions incomplètes (appareil Jungfleisch). — Acétylure de cuivre; sa décomposition par HCl.

PROPRIÉTÉS CHIMIQUES : Combustible, avec dépôt noir charbonneux. — Oxydé par MnO^4K où CrO^3 donne : ac. oxalique, acétique, formique. — L'hydrogène s'y unit au rouge. — L'A. dans l'arc électrique, donne CAH. — Le chlore donne des produits d'addition. — Les hydracides de même. — Sous l'influence de chaleur rouge, se transforme en carb. *polyacétyléniques*.

Hydrocarbures renfermant plus de 2 atomes de carbone.

IMPORTANCE DE CES CARBURES : Ils n'en ont pas en tant que corps isolés, au point de vue des applications médicales et pharmaceutiques.

ISOMÉRIES : Ils présentent de nombreux cas d'isomérie.

AUTRES CARBURES GRAS QUE CEUX DES TROIS PREMIÈRES SÉRIES. — Il existe d'autres carbures gras que ceux répondant aux formules générales C^nH^{2n+2}; C^nH^{2n}; C^nH^{2n-2}. Ces carbures, qui peuvent jouer le rôle de radicaux hexa, octa et décavalents, n'ont pas non plus de propriétés spéciales intéressant les applications qui nous occupent.

Appendice.

PÉTROLE ET NAPHTE (huile de pierre): Huile brune verdâtre à la lumière réfléchie. D = 0,78 à 0,92. — Composée d'hydrocarbures saturés.

DISTILLATION DES PÉTROLES : On les sépare en huiles légères, D = 0,800 à 0,830, et huiles lourdes, D = 0,830 à 0,900.

FRACTIONNEMENT DES HUILES LÉGÈRES : Après lavages à SO^4H^2 et à la soude, elles sont fractionnées en : 1° *essence de pétrole, naphte ou benzine* : liq. incol., mobile, D = 0,70 à 0,75. — Très inflammable. — Emplois: pour détacher, comme dissolvant du caoutchouc et des corps gras, pour les vernis, dans les lampes à essences (éponges). *Éther de pétrole, ligroïne, gaz Mill :* quelquefois séparé par distil.; c'est le produit qui passe au-dessous de 70°. — 2° *Pétrole commercial, protogène, kérosène, pétrole raffiné :* on le purifie encore avec SO^4H^2 et NaOH, et on distille à 150° — 180°. D = 0,79 à 0,82.

FRACTIONNEMENT DES HUILES LOURDES : Après purification par SO^4H^2 et NaOH, elles fournissent : 1° une certaine proportion de *pétrole commercial;* 2° de *l'huile solaire,* D = 0,83 à 0,87 (éclairage); 3° de *l'huile à graisser* pour machines, D = 0,900 à 0,935; 4° de *l'huile paraffinée.*

REMARQUES HYGIÉNOLOGIQUES. — *Classement des produits combustibles :* Les pétroles, essences, éthers, etc., etc., sont classés en deux catégories, 1re et 2e, suivant qu'à 35° centig. ils émettent des vapeurs qui s'enflamment ou non au contact d'une flamme. — Appareils spéciaux de vérification. — Trois classes, 1re, 2° et 3°, d'établissements insalubres, dangereux ou incommodes. — Réglementation des dépôts, entrepôts et usines à pétrole. — Vases spéciaux pour contenir les essences. — Précautions contre l'incendie.

PARAFFINE : Subst. blanche, cireuse, fusible de 55 à 65°. Mélange d'hydrocarbures très condensés, retirée des huiles paraffinées, traitées par SO^4H^2, par NaOH et décolorées au noir animal; refroidissement, expression. — (Laboratoires, bains de paraffine); bougies de paraffine.

GOUDRONS DE PÉTROLE : Résidus de la distillation. — Renferment des hydrocarbures excessivement pauvres en H. — Sont décomposés par chaleur rouge en carbures moins condensés et volatils et en coke.

OZOKÉRITE OU CIRE FOSSILE : Composée principalement de carbures éthyléniques *très condensés.* (Sert quelquefois à frauder la cire ordinaire.)

VASELINE : Subst. incol. d'une consistance onctueuse, utilisée en médecine (ne rancit pas). — Retirée des pétroles : on ne pousse pas très loin la distillation des pétroles; on chasse lentement à l'air libre les vapeurs âcres; on décolore par filtration successive sur noir animal. — La vaseline n'est pas alimentaire. (Introduite par fraude dans les pâtisseries.) — Pommades à base de vaseline, pommades ophtalmiques à l'oxyde de mercure. — *L'huile de vaseline,* cons'stance oléagineuse, sert de véhicule pour injections sous-cutanées. — Sert au graissage des machines.

Alcools.

DÉFINITION ET PROPRIÉTÉS ESSENTIELLES : Corps neutres renfermant au moins C,O,H. et provenant de l'hydratation de carbures éthyléniques et de la saponification des dérivés halogénés des carbures forméniques; — ou plus généralement de la substitution de (OH) à (H) d'un hydrocarbure gras. — Ils se combinent aux acides avec élimin. d'eau pour former des éthers; lesquels par saponification régénèrent les alcools.

DIVISION DES ALCOOLS: AL. PRIMAIRES. — Les hydrocarbures renfermant le groupement ($-CH^3$) donnent des *alc. ordinaires* ou *primaires,* lorsque ce groupement est transformé en ($-CH^2OH$) (caractéristique des al. primaires).

FORMATION SYNTHÉTIQUE GÉNÉRALE : transform. du group. ($-CH^3$) de l'hydrocarbure en ($-CH^2I$); puis en ($-CH^2-C^2H^3OO$) (par acétate d'Ag. ou de K); lequel traité par KOH donne acétate de potasse et ($-CH^2,OH$).

PROPRIÉTÉS GÉNÉRALES DES ALCOOLS PRIMAIRES : Les acides libres ou naissants les éthérifient facilement. — L'oxygène naissant (mélanges oxydants) (noir de platine) : 1° enlève H^2 et transforme ($-CH^2,OH$) en ($-COH$) (group^t aldéhydique); 2° remplace H^2 par (O) et transforme ($-CH^2,OH$) en ($-COOH$) (group^t acide).

ALCOOLS SECONDAIRES : Les carbures renferment ($=CH^2$) intermédiaire peuvent subir les transformations suivantes : ($=CH^2$) en ($=CHCl$) et en ($=CHOH$); on a un hydrate de carbure d'hydrogène ou alcool susceptible de s'éthérifier par l'action des acides. — L'O enlève H^2 au group^t ($=CHOH$) et il reste ($=CO$) caractéristique d'une aldéhyde particulière (acétone ou cétone). — Une action oxydante plus énergique décompose la molécule. — Il n'y a pas d'acides correspondants.

ALCOOLS TERTIAIRES : Les divers carbures renfermant le group^t ($\equiv CH$) peuvent encore, quoique par des procédés qqf. compliqués, donner la transformation ($\equiv CH$) en ($\equiv COH$) qu'il ne faut pas confondre avec ($-COH$). — Ces hydrates d'hydrocarbures sont éthérifiables. — L'O les détruit en molécules plus simples, sans donner ni aldéhyde ni acide correspondant ni acétone. — Ces alcools sont appelés *al. tertiaires.*

RÉACTION DE V. MEYER : L'alcool étudié est transformé en éther iodhydrique; on le distille avec un excès d'azotite d'argent. — Le produit distillé est mélangé avec NaOH; on ajoute AO³Ag et SO⁴H², jusqu'à ce qu'il se dégage des vapeurs nitreuses, et on rend la liqueur alcaline. — La liqueur devient rouge (ac. nitrolique) avec *al. primaires;* bleue (nitrol) avec *al. secondaires;* reste incolore avec *al. tertiaires.*

CLASSIFICATION DES ALCOOLS : Cette classe de corps comprend :

LES ALCOOLS PROPREMENT DITS OU MONALCOOLS. Ils ne renferment qu'un seul group^t (-OH). — Ils sont *primaires, secondaires* ou *tertiaires.*

LES GLYCOLS OU BIALCOOLS : Renferment 2 group^{ts} (OH) dont chaque OH peut être *primaire, secondaire* ou *tertiaire.*

LES GLYCÉROLS OU TRIALCOOLS : Renferment 3 group^{ts} (OH), dont chaque (OH) peut être *primaire, secondaire* ou *tertiaire.*

LES ÉRYTROLS OU TÉTRALCOOLS : Renferment 4 group^{ts} (OH), dont chaque (OH) peut être *primaire, secondaire* ou *tertiaire.*

Il existe des alcools ayant une valeur alcoolique encore *supérieure*. — Les alcools présentent de nombreux cas d'isomérie.

Monalcools.

GÉNÉRALITÉS APPLICABLES AUX AL. PRIMAIRES : PRODUCTION SYNTHÉTIQUE. — Transformation des Hydrocarbures gras en dérivés chlorés et saponification. — Hydrogénation des aldéhydes (amalgame de Na).

RÉACTIONS PRINCIPALES : Donnent des carbures par perte d'H²O. — Donnent par action de O des aldéhydes et des acides; donnent des alcoolates et H, avec Na, K; donnent des éthers halogénés avec les dérivés halogénés du P.; donnent avec les acides des éthers et de l'eau; donnent des acides avec KOH en fusion. — Autres réactions moins générales.

NOMENCLATURE ET LISTE DES PLUS IMPORTANTS : On fait suivre le nom *alcool* du nom du *radical* terminé en *ique.*

Formules brutes.	Noms.		Formules rationnelles.
CH⁴O	Alcool méthylique............		CH³-OH.
C²H⁶O	— éthylique............		CH³-CH²-OH.
C³H⁸O	Alcool propylique primaire...		CH³-CH²-CH²-OH.
	— — secondaire (iso)..		CH³-CHOH-CH³.
C⁴H¹⁰O	Alcool butylique norm. prim.		CH³-CH²-CH²-CH². OH
	— — anorm. prim. (iso).		(CH³)²=CH-CH²OH.
	— — secondaire..		CH³-CHOH-CH²-CH³.
	— — tertiaire....		(CH³)³≡COH.
C⁵H¹²O	Alcools amyliques	4 primaires. 2 second.... 1 tertiaire.	(C⁵H¹¹)OH.

ALCOOL MÉTHYLIQUE CH³OH. (Esprit de bois, carbinol, hydrate de méthyle, méthylène dans l'industrie.) — Liq. incol., sav. brûl^te, odeur spiritueuse. D = 0,798. — Bou^t à 65°6. — Miscible à : l'eau, l'alcool et l'éther.

PRODUCTION SYNTHÉTIQUE : *Procédés généraux :* 1° saponification des éthers méthyles; 2° hydrogénation de l'aldéhyde méthylique.

PRÉPARATION INDUSTRIELLE : Retiré des premières portions de la distillation du bois, le produit commercial renferme *acétone* et divers produits empyreumatiques.

PRÉPARATION DE L'ALCOOL MÉTHYLIQUE PUR : Préparation d'éther méthyloxalique et saponification.

PROPRIÉTÉS CHIMIQUES : Combustible. — O forme CHOH et CHOOH.

ACTION : *des acides*, formation d'éthers; — *des alcalis*, dissolutions qui se colorent et s'altèrent; — *des métaux*, K.Na, forment CHO.OK ou CHO.ONa et H; — *du CaCl^2*, combinaison (CH^{2}OH)^{4}CaCl^2, décomposable par H^{2}O.

USAGES ET APPLICATION : Pas d'emplois médicaux; sert à dénaturer l'alcool ordinaire 10 0/0; sert comme combustible; à la préparation des vernis et des dérivés pour couleurs artificielles.

OXYDE DE MÉTHYLE (CH^3)^2=O. (Éther méthylique simple.) — Gaz incol., odeur éthérée, brûlant avec flamme pâle, liquéfié à basse temp. en un liq. mobile incol. — Bou^t à (— 28,6). — Sol. dans l'eau.

PRÉPARATION : Act. de SO^{4}H^2 à chaud sur CH^{3}OH.

USAGES ET APPLICATIONS : Liquéfié et conservé en siphons, est utilisé comme producteur de froid; glace pour conserver la viande.

ALCOOL ÉTHYLIQUE C^{2}H^{5}OH (alcool ordinaire ou vinique, hydrate d'éthyle, esprit de vin). — Liq. incol., mobile, saveur brûlante caractéristique. — Bou^t à 78°5. D. à 15° = 0,79; miscible à l'eau : 499 vol. d'eau + 539 vol. d'alcool produisent 1,000 vol. du mélange.

SYNTHÈSE : Procédés généraux et procédés particuliers.

PRÉPARATION INDUSTRIELLE : Se retire par distill. des liquides sucrés fermentés (vins, cidres, etc., etc.) Appareils Laugier. — Déflegmateurs et rectificateurs. — Appareils Savalle. — Alcools de tête, de cœur, de queue. — Recherche de ces produits.

LEVURES ET SACCHAROMYCES CEREVISIÆ : Ferments anaérobies transformant glucose en plusieurs produits tels que alcool, CO^2, glycérine, acide succinique et alcools supérieurs.

LEVURES BASSES ET LEVURES HAUTES : Agissent au-dessous de 10° ou vers 20°. — *Invertine :* transforme saccharose en sucre interverti. — 100 p. de glucose donnent 49 p. d'alcool; 3 de glycérine; 0,30 d'acide succinique et le reste de CO^2. — Sucre interverti pour 100 cm^3 : 1,6 = titre alcoolique du liquide après fermentation complète.

PRÉPARATION DE L'ALCOOL PUR : On purifie l'alcool en le faisant digérer avec CO^{3}K^2 et en le distillant. On augmente son titre en faisant agir la chaux caustique, puis en distillant une seconde fois.

ALCOOL ANHYDRE. A l'alcool le plus concentré qu'on puisse avoir avec la chaux, on ajoute 5 0/0 de BaO caustique, on laisse macérer et on distille.

ALCOOMÉTRIE. — *Alcoomètre de Gay-Lussac.* — Alcoomètres poinçonnés (graduation en centièmes), correction pour température $D = d \pm \alpha\theta$. — α varie avec le titre alcoolique (0,4). $\theta =$ la différence entre 15° et le degré indiqué par le thermomètre plongé dans le liquide.
— *Procédés divers utilisant les autres propriétés physiques de l'alcool:* Point d'ébullition; tension de vapeur; tension superficielle; pouvoir réfracteur, etc.

PROPRIÉTÉS CHIMIQUES : Brûle avec flamme pâle. — *Oxydation (noir de platine et oxydants):* Aldéhyde éthylique et ac. acétique. *Acide azotique* (corps oxydants énergiques): Donne : AO^2, C^2H^5; AO^3, C^2H^5; $C^2H^3.OH$; $C^2H^3(O^2H)$; $HCOOH$; $C^2H^2(OH)(O^2H)$; et CO^2. — Alcoolat nitrique. — *Métalloïdes en général:* Pas d'action spéciale. — *Chlore:* Peut donner chloral. — *Métaux alcalins* K. et Na : Donnent alcoolates et H. — Les alcoolates chauffés avec un excès de base donnent des acétates. — *Acides et Éthérification:* Les acides énergiques ou à l'état naissant éthérifient l'alcool.

USAGES ET APPLICATIONS: *Action sur l'économie:* A petites doses agit comme stimulant. — Ivresse. — Alcoolisme. — Injecté dans les veines, il coagule le sang. — L'alcool se localise dans le cerveau et le foie. — Antidéperditeur. — *Dissolvant:* Des résines; des éthers; des essences et des alcaloïdes; dissout Br, I, P, KOH, NaOH, et quelques chlorures, bromures, iodures et azotates.

OXYDE D'ÉTHYLE OU ÉTHER ORDINAIRE C^2H^5-O-C^2H^5. (Éther sulfurique usuel.) — Liq. incol. — très mobile — odeur spéciale agréable — $D = 0,736$ — bout à 34°,9; vapeurs très lourdes et très inflammables; soluble dans 10 p. d'eau; dissout 1/35 de son vol. d'eau; miscible en toutes proportions avec l'alcool. — Les éthers commerciaux pèsent 65°B⁶ ou $D = 0,736$ éther anhydre — ou 62°B⁶ ou enfin 56°B⁶. — Il dissout I, Br, P, corps gras, résines, alcaloïdes, etc., etc.

PRÉPARATION *(formation synthétique):* Mélange d'alcool et de SO^4H^2 chauffé à 140°. — Réactions:

(a) $SO^4H^2 + C^2H^5OH = H^2O + SO^4H(C^2H^5)$.
(b) $SO^4H(C^2H^5) + C^2H^5,OH = SO^4,H^2 + (C^2H^5\text{-}O\text{-}C^2H^5)$.

Il distille un mélange d'éther, d'alcool, d'eau et de SO^2.

RECTIFICATION: Lavage avec lait de chaux, puis à l'eau pure et rectification au B.M. sur $CaCl^2$ desséché.

ESSAI RAPIDE: 10^{cm3} d'éther + 10^{cm3} d'eau agités dans un tube gradué, ne laissent que 9^{cm3} d'éther.

USAGES MÉDICAUX : Produit par son évaporation brusque un froid qui est utilisé pour provoquer des anesthésies locales (App. Richardson). — Respiré, il se comporte comme antispasmodique. — Sirop ou élixir d'éther, perles d'éther; en inhalation, l'éther a été employé comme anesthésique général. — On lui préfère, en France, le chloroforme.

USAGES DIVERS : *En pharmacie et en chimie :* dissolvant. — Éthérolés. — Collodion. — Emploi en photographie ; en pyrotechnie. — Machines à vapeur d'éther (températ. modérée).

REMARQUES HYGIÉNOLOGIQUES sur l'alcool et l'éther — distilleries — entrepôts.

ALCOOLS PROPYLIQUES : Il en existe deux isomériques :
1° *Normal ou primaire* (CH^3-CH^2-CH^2[OH]) hydrate de propyle. — Liq. incol. — odeur alcoolique rappelant les fruits. Bout à 98°.

PRÉPARATION : 1° Hydrogénation de l'aldéhyde propionique (Chancel, 1853). — 2° Fermentation de la glycérine par le *Bacillus butylicus* qui existe dans le foin.

2° *Isopropylique ou secondaire* CH^3-CH(OH)-CH^3 hydrate d'isopropyle. — Liq. incol. mobile, bout à 87°.

PRÉPARATION : 1° Par hydrogénation de l'acétone (Friedel, 1862). — 2° Par hydrogénation du propylène (Berthelot 1855).

ALCOOLS BUTYLIQUES : On en connaît quatre :
1° *Alcool butylique primaire normal* CH^3-CH^2-CH^2-CH^2OH. Liq.; bout à 116°. — Obtenu : 1° par hydrogénation de l'aldéhyde butylique; 2° par fermentation spéciale de la glycérine.

2° *Al. secondaire* (de Luynes) CH^3-CH(OH)-CH^2-CH^3; bout à 99°.

3° *Al. isobutylique primaire* $(CH^3)^2$=C=(H)'(CH^2,OH)'; bout à 108°. — Il se trouve dans l'alcool amylique brut (l'essence de camomille romaine renferme de l'éther isobutylique.

4° *Al. isobutylique tertiaire ou triméthylcarbinol* $(CH^3)^3$≡C-OH, fond à 25°; bout à 83°. — Obtenu par Boutlerow par l'action du zinc éthyle (2 mol.) sur chlorure d'acétyle.

ALCOOLS AMYLIQUES. $C^5H^{10}O$ — On en connaît sept. Ils constituent la majeure partie des corps huileux signalés par Scheele, dans les produits de la distillation des grains fermentés. — On les rencontre dans les eaux-de-vie de grain, dans les produits de *queue* des alcools.

ALCOOL AMYLIQUE DU COMMERCE : Liq. incol. fluide, odeur spéciale; D = 0,811; presque insoluble dans l'eau; soluble dans l'alcool et l'éther; bout à 130°. — Il est principalement formé d'un alcool amylique inactif (isoamylique) et d'un alcool amylique actif. — Vénéneux.

OXYDATION : Il donne par oxydation de l'aldéhyde amylique et de l'acide valérique.

USAGES : Préparations diverses. — Dissolvant en analyse immédiate.

Glycols ou bialcools.

PRODUCTION SYNTHÉTIQUE : Procédés variables et spéciaux (voir Glycol éthylénique).

RÉACTIONS PRINCIPALES : Peuvent s'éthérifier deux fois. — Les glycols deux fois primaires sont susceptibles de donner des produits d'oxydation qui peuvent posséder les fonctions : *monalcoolique-monaldéhydique, monalcoolique-monacide, monaldéhydique-monacide, bialdéhydique, biacide*. — Cas des glycols qui ne sont pas deux fois primaires. — Action des métaux alcalins, glycols mono et dipotassé ou sodé. — Glycols condensés résultant de déshydratation.

LISTE DES PRINCIPAUX GLYCOLS.

Méthylglycol........... N'existe pas.
Éthylglycol............. $C^2H^4=(OH)^2$.
Buthylglycol............ $C^4H^8=(OH)^2$.
Amylglycol............. $C^5H^{10}=(OH)^2$.

GLYCOL ÉTHYLÉNIQUE $(C^2H^4)'=(OH)'^2$ (Éthyglycol ou glycol ordinaire) (Wurtz). — Liq. inc.; inod.; un peu sirupeux; saveur sucrée chaude et alcoolique; $D = 1,125$; bou^t à 197°. — Sol. dans l'eau et l'alcool; peu dans l'éther.

PRÉPARATION : 1° Décomposition du bibromure d'éthylène, par 2 mol. d'acétate d'Ag, et saponification par baryte du biacétate éthylénique (Wurtz). — 2° Mêmes réactions, avec sol. alco. d'acétate de K (Atkinson). — 3° Réaction sur le même bromure avec CO^3K^2. Action très longtemps poursuivie (Hüfner et Zeller).

PRODUITS D'OXYDATION DU GLYCOL :

Aldéhyde glycolique (non pur). $CH^2(OH)-(COH)$.
Acide glycolique (noir de Pt).. $CH^2(OH)-(COOH)$.
Glyoxal....................... $(COH)-(COH)$.
Acide glyoxylique............. $(COH)-(COOH)$.
Acide oxalique................ $(COOH)-(COOH)$.

ISOMÉRIE. — Le glycol ord. $(CH^2)'OH-(CH^2)'OH$ est isomérique avec le glycol *éthylidénique* $(CH^3)'-(CH)'''=(OH)^2$ non isolé, mais comparable à l'hydrate d'aldéhyde ordinaire. — Le chloral hydraté serait-il le dérivé trichloré de ce glycol?

GLYCOLS CONDENSÉS : Produits par l'union de 2 ou plusieurs mol. de glycol avec élimination d'H^2O. Ex. $HO-(C^2H^4)''-O-(C^2H^4)''-OH$ ou gly. diéthylénique.

OXYDE D'ÉTHYLÈNE $(CH^2-CH^2)''=O$ *(anhydride interne éthylglycolique)* (isomère de l'aldéhyde). — Liq. incol.; très solu. dans l'eau; odeur éthérée; $D = 0,89$; bou^t +.13°.

PRÉPARATION : Act. de KOH sur la monochlorhydrine (Wurtz).

$$OH(CH^2)-(CH^2)Cl + KOH = KCl + H^2O + (CH^2-CH^2)''=O.$$

PROPRIÉTÉS CHIMIQUES. — S'unit : à H^2O, pour former glycol; à HCl, pour donner monochlorhydrine; à tous les acides anhydres ou hydratés, pour donner des *éthers*; à H^2, pour donner al. ordinaire C^2H^6O; à Br^2, pour donner $C^2H^4Br^2 + O$. — Se combine au bisulfite de Na pour donner $SO^3(Na)'(C^2H^4OH)'$ ou *iséthionate de sodium*. — Corps réducteur comme l'aldéhyde : réduit les sels d'Ag. — Donne avec AH^3 une série de bases organiques (amines); p. ex. l'*hydroxéthylénamine* AH^2-(C^2H^4OH). — Différence avec aldéhyde ordinaire qui donne aldéhydate d'AH^3 cristallin.

Glycérols ou trialcools.

Liste des principaux :

Butylglycérol ou glycérine.... $C^3H^b\equiv(OH)^{t3}$.
Amylglycérol............... $C^5H^9\equiv(OH)^{t3}$.

GLYCÉRINE ORDINAIRE $CH^2(OH)$-$CH(OH)$-$CH^2(OH)$: Al. triatomique 2 fois primaires et une fois secondaire. (Scheele 1779. M. Berthelot.) Liq. sirupeux épais; D = 1,26 à 15°; neutre; hygrométrique; cristallise dans des conditions spéciales en prism. rhomb. droits, fus. à + 17°. Sav. sucrée (principe doux des huiles). — Existe dans les corps gras (éthers de glycérine), dans le vin. — Bou^t à 285° en s'altérant, à 180° dans vide; distille avec vapeur d'eau. — Solu. dans l'eau et l'alcool; insol. dans l'éther, le chloroforme, les huiles et les essences. — Dissolvant de beaucoup de sels.

Préparation : Résidu de prép. d'emplâtre simple (H^2S). — Résidu de prép. des ac. gras et des savons; décoloration au noir animal; évaporation puis distillation dans le vide.

Propriétés chimiques : Combustible. — Act. de *chaleur* : diglycéride et polyglycérides. — Act. des *déshydratants*, acroléine C^3H^4O. — Act. des *oxydants* : aldéhydes et acides divers. — Act. des *métaux alcalins* : glycérinates et H. — Act. des *acides* à chaud : éthers. — Act. des *alcalis* : glycérinates solubles.

Essai et analyse des glycérines commerciales. — Recherche de : eau; matières organ.; mat. minérales.

Usages et applications : *Médecine* : pansement des plaies; véhicule de substances actives; lotions; collutoires; glycérés, glycérolés d'amidon; employée à l'intérieur, diabète. — Agent de conservation; embaumements. — Injections cadavériques (glycérine boratée). — Fabrication de dynamite.

GLYCIDE $(CH^2OH)'$-CH'''=$(-CH^2O-)^v$ (Anhydride interne de la glycérine). — Liq. inc.; réducteur; sol. dans l'eau. — Joue le rôle de monal·cool primaire; peut donner : l'*acide glycidique* monobasique, puis éthers. — L'éther chlorhydrique s'appelle *épichlorhydrine*. — Ce corps fixe H^2O pour régénérer la glycérine. — Il s'unit aux acides pour donner des éthers de la glycérine.

Érythrols ou tétralcools.

On ne connaît que l'érythrol ou érythrite.

ÉRYTHROL : $CH^2(OH)$-$CH(OH)$-$CH(OH)$-$CH^2(OH)$ (érythrite, érythromannite, érythroglucine, phycite). — Alcool deux fois primaire et deux fois secondaire. — Existe dans lichens tinctoriaux, *Rocella Montagnei, Protococcus vulgaris.* — Corps crist, en prismes; inc.; inod.; sav. sucrée; très sol. dans l'eau et l'alcool bouillant; non fermentescible; non actif sur lum. pol.; non réducteur.

PRÉPARATION : Retiré des lichens. — Action de HCl sur produit de macération, il se forme une gelée d'*érythrine* ou *ac. érythrique* (éther érythro-diorsellique), qu'on décompose après lavage, dans des autoclaves à 150° avec de la chaux éteinte. — Il se forme : *érythrite* qui reste dissoute et de l'*ac. orsellique*, qui est décomposé par la chaux en CO^3Ca, et *orcine* $C^7H^8O^2$, qui cristallise par refroidissement.

L'érythrite peut s'éthérifier quatre fois. — L'éther tétranitrique $C^4H^6(AO^3)^4$ est un composé détonant.

Éthers.

DÉFINITION. — On donne le nom d'éthers à trois sortes de composés :
1° Aux oxydes de radicaux alcooliques;
2° Aux dérivés halogénés des carbures d'hydrogène;
3° Aux produits résultant de l'act. des *acides* sur les *alcools*, et provenant de la substitution de radicaux alcooliques aux hydrogènes basiques de ces acides. Ce sont les éthers composés.

ÉTHERS OXYDES : Les oxydes de radicaux alcooliques s'obtiennent :
1° par l'act. de certains corps avides d'eau sur les alcools. La production de ces corps se fait souvent en deux temps (voir éther ordinaire). — 2° Par l'act. de l'oxyde d'argent sur les iodures alcooliques.

Ces oxydes sont stables et se saponifient difficilement dans la plupart des cas. — Ils peuvent être formés de radicaux alcooliques différents unis par $(O)''$.

ÉTHERS HALOGÉNÉS : Les éthers ou dérivés halogénés des carbures d'hydrogène s'obtiennent :
1° En faisant agir les hydracides sur les alcools :

$$C^nH^{2n+1}(OH) + HCl = H^2O + C^nH^{n+1}(Cl).$$

2° En substituant les halogènes aux hydrogènes des hydrocarbures :

$$C^nH^{2n+2} + Cl^2 = HCl + C^nH^{2n+1}Cl.$$

3° En traitant les alcools par les haloïdures de phosphore :

$$3C^nH^{2n+1}(OH) + PCl^3 = PO^3H^3 + 3(C^nH^{2n+1}Cl).$$

ÉTHERS COMPOSÉS : Les éthers composés ou à *acides oxygénés* s'obtiennent : 1° par l'act. de l'acide sur l'alcool (acides forts), à froid ou à chaud. — Le temps est nécessaire. — 2° Par double décomposition d'un éther halogéné par un sel d'argent. — 3° Par l'act. d'un acide oxygéné sur le mélange d'alcool et d'acide à éthérifier.

Lès *acides monobasiques* ne forment qu'une série d'éthers. Ex. : AO^3R'.

— Les *acides bibasiques* forment deux séries d'éthers. Ex.: SO⁴HR' et SO⁴R'R'; etc., etc.

Les *polyalcools* peuvent s'éthérifier autant de fois qu'ils renferment d'(OH) alcooliques, en utilisant des restes acides provenant d'acides mono ou polybasiques. — Un *polyalcool* peut aussi s'éthérifier aux dépens de plusieurs restes acides différents.

SAPONIFICATION DES ÉTHERS: L'*eau* seule se fixe sur les éthers pour régénérer leurs principes constitutifs : alcools et acides. — Il s'établit, au bout d'un certain temps, un équilibre entre l'eau, les alcools et les acides, qui n'est détruit que si les conditions viennent à changer. — Les *alcalis* s'unissent aux acides des éthers pour former des sels, et l'alcool est régénéré. (Saponification proprement dite.) — Les *acides* libres se partagent l'alcool avec l'acide de l'éther.

Éthers à acides minéraux principaux.

AZOTATE DE MÉTHYLE AO³(CH³) (Éther méthylazotique). — Liq. incol.; od. faibl^t éthérée; peu sol. dans l'eau; D = 1.18.

PRÉPARATION: Chauffer ensemble alc. méthylique, ac. azotique et urée.

USAGE: Aucun en médecine. — Sert dans la fabrication des mat. colorantes.

AZOTITE DE MÉTHYLE AO²(CH³) (Éther méthylazoteux). — Gaz condensable à (— 12°) en un liq. jaune.

PRÉPARATION: Action de l'ac. azotique et du cuivre sur alc. méthylique; condensation des vapeurs. — Se produit dans l'oxydation de la brucine par l'ac. azotique.

AZOTATE D'ÉTHYLE AO³(C²H⁵) (Éther éthylazotique). — Liq. incol.; D = 1,13; bcu^t à (+ 86°); od. douce et agréable; insol. dans l'eau; sol. dans alcool.

PRÉPARATION: Comme l'azotate de méthyle.

PROPRIÉTÉS: Détone quand on chauffe sa vapeur à (+ 140°).

USAGES: L'*alcool nitrique* ou *esprit de nitre dulcifié*, obtenu par mélange à froid de 3 p. d'alcool à 90° et de 1 p. d'AO³H, renferme des éthers azoteux et azotique. — Il est employé comme *diurétique* à la dose de 2 à 4 grammes.

AZOTITE D'ÉTHYLE AO²(C²H⁵) (Éther éthylazoteux). — Liq. bou^t à + 17°; D = 0,9; od. agréable de pommes reinettes.

PRÉPARATION : Comme l'azotite de méthyle.

USAGES: Mélangé à l'alcool, il agit comme *excitant* et *diurétique*.

ISOMÉRIE : Ce corps, qui est un éther saponifiable, est isomérique avec l'éthane mononitré ou nitréthane ([C²H⁵]-A=O²); tandis que l'azotite d'éthyle a pour constitution ([C²H⁵]-O-A=O). Le nitréthane n'est pas saponifiable.

SULFATES D'ÉTHYLE: L'alcool mél. à l'ac. sulfurique dégage de la chaleur et donne un peu de sulfate acide d'éthyle $SO^4(H)(C^2H^5)$. — (Eau de Rabel ou acide sulfurique alcoolisé) — Si on chauffe à 100° pend. qq. temps, la transformation de l'alcool en sulfate acide d'éthyle devient complète; à (+ 140°) il se dégage de l'oxyde d'éthyle et de l'eau; à + 170°, l'alcool est déshydraté et il se dégage C^2H^4.

SULFATE ACIDE D'ÉTHYLE $SO^4(H)(C^2H^5)$ (Éther monoéthylsulfurique, acide éthylsulfurique, acide sulfovinique). — Liq. sirupeux; sav. acide; très soluble dans l'eau.

ÉTHYLSULFATE DE BARYUM $(SO^4)^2Ba''(C^2H^5)^2$, sel sol. crist.

ÉTHYLSULFATE DE SODIUM $(SO^4)^2Na(C^2H^5)$, sel purgatif.

ISOMÉRIE : L'*ac. éthylsulfurique* est isomérique avec *ac. hydroxéthylène sulfureux* $SO^3(H)'(C^2H^4OH)'$ ou *iséthionique*.

SULFATE NEUTRE D'ÉTHYLE $SO^4(C^2H^5)^2$ (Éther diéthylsulfurique). — Liq. incol.; huileux; od. piquante (menthe poivrée); $D = 1,18$; bout à 208° en se décomposant; insol. dans l'eau.

ISOMÉRIE : Ce corps est isomérique avec l'*éther éthylhydroxéthylène sulfureux* $SO^3(C^2H^5)(C^2H^4OH)$.

CARBONATE D'ÉTHYLE $CO^3(C^2H^5)^2$ (Éther diéthylcarbonique). — Liq. incol.; od. éthérée agréable; $D = 0,999$; bout à (+ 125°)

PRÉPARATION : Act. de $(C^2H^5)I$ sur CO^3Ag^2.

ÉTHERS DU GLYCOL : Le glycol s'éthérifie 2 fois; il peut donner par exemple :

1° La *monochlorhydrine du glycol* $CH^2(Cl)-CH^2(OH)$, liq.; bout à + 130°.

2° La *dichlorhydrine du glycol* $CH^2(Cl)-CH^2(Cl)$, ou liqueur des Hollandais.

ÉTHERS DE LA GLYCÉRINE : La glycérine peut s'éthérifier 3 fois et donner des éthers mono, bi et tri acidifiés, qui présentent des isoméries entre eux, dues aux positions différentes des groupem^{ts} acides.

CHLORHYDRINES : On connaît 2 mono; 2 bi; et 1 trichlorhydrine.

NITROGLYCÉRINE : On connaît une *mononitroglycérine* et une *trinitroglycérine* qui est la base de la *dynamite*.

PRÉPARATION : Act. d'un mélange d'ac. sulfurique et d'ac. azotique fumant sur la glycérine.

CARACTÈRES ET PROPRIÉTÉS : Corps huileux; od. aromatique provoquant la migraine; très toxique; explosible.

USAGES MÉDICAUX : Trinitrine en sol. alcoolique au centième. Dans affections névralgiques et spasmodiques. — Glanoïne en médecine homéopathique.

Aldéhydes.

DÉFINITION : Alcools primaires déshydrogénés. — Corps intermédiaires entre les alcools primaires et les acides. — Ils peuvent être considérés comme des hydrures de radicaux acides.

NOMENCLATURE : On leur donne le nom des alcools dont elles dérivent.

PRODUCTION : 1° Par oxydation incomplète des alcools primaires (-CH^{2}OH) est changé en (-COH). (Noir de platine; mélanges oxydants.) 2° Par réduction des acides organiques, en distillant leurs sels de chaux avec du *formiate de chaux*.

PROPRIÉTÉS : 1° Elles fixent H^2 naissant pour régénérer les alcools dont elles dérivent. — 2° Elles fixent O pour donner des acides.

Corps incomplets; peu stables; réducteurs. — Capables de se polymériser. — Forment des composés cristallins avec les bisulfites alcalins. — Se combinent généralement à l'ammoniaque. — Donnent des dérivés substitués avec les halogènes. — Autres propriétés plus ou moins générales. — (Voy. Ald. éthylique.)

Acétones ou Cétones.

DÉFINITION : Corps ayant certaines analogies de propriétés avec les aldéhydes, et donnant par hydrogénation des *alcools secondaires*. — Peuvent être considérés comme formés d'un radical alcoolique uni à un radical acide; ou comme résultant de l'union de deux radicaux alcooliques par l'intermédiaire du radical bivalent -CO"-.

NOMENCLATURE : On les désigne en faisant précéder le mot *cétone* des noms des radicaux alcooliques qu'elles renferment. Ex.: Diméthylcétone CH^3-CO-CH^3 (acétone ordinaire), méthyléthylcétone CH^3-CO-C^{2}H^5.

PROPRIÉTÉS : 1° Elles fixent H^2 pour donner *alcools secondaires* et souvent des produits de polymérisation. Elles ne fixent pas O pour donner des acides. — Les act. oxydantes détruisent leur molécule en deux acides plus simples. — Lorsqu'elles renferment le radical (CH^3), elles s'unissent comme les aldéhydes aux bisulfites alcalins.

Aldéhydes principales.

ALDÉHYDE MÉTHYLIQUE HCOH (hydrure de formyle) — se produit par l'oxydation ménagée de l'alcool méthylique. — Odeur forte et suffocante. — Se polymérise et donne C^{3}H^{6}O^3.

ALDÉHYDE ÉTHYLIQUE CH^3-COH (hydrure d'acétyle — aldéhyde ordinaire — éthylal). — Liq. incol.; mobile; od. spéciale caractéristique, suffocante; D = 0.8; bout à +20°,8; neutre aux réactifs colorés; soluble dans l'eau, l'alcool et l'éther.

PRODUCTION : (Staedeler) — Alcool, bichromate de potasse et SO^{4}H^2 étendu, — on fait arriver le mélange d'acide, d'alcool et d'eau sur le bichromate. La réaction est très vive. — Divers produits: eau, alcool, acide acétique, éther acétique et acétal, se dégagent et sont condensés;

les vapeurs d'aldéhyde arrivent dans de l'éther ammoniacal refroidi et forment de l'aldéhydate d'ammoniaque, corps cristallisé, qu'on décompose par SO^4H^2 étendu.

PROPRIÉTÉS : La *chaleur* la décompose partielle¹ avec production de matières résineuses. — Action de l'*oxygène :* elle brûle difficilement avec formation de CO^2 et H^2O ; à froid l'oxygène la transforme en acide acétique. — Act. de l'*hydrogène naissant* (amalgame de Na) : transformation en alcool ordinaire. — Act. du *chlore :* donne des composés de substitution qui peuvent se diviser en 2 séries : 1ʳᵉ *série :* Il se forme d'abord du *chlorure d'acétyle* CH^3-COCl, puis des dérivés chlorés de ce chlorure d'acétyle. Tous ces composés traités par l'eau donnent de l'acide acétique ou des acides acétiques mono, bi, trichlorés (acides chloracétiques). — 2° *série :* Il se forme des dérivés chlorés dérivant du groupe CH^3 ; on a : CH^2Cl-COH ; $CHCl^2$-COH ; CCl^3-COH ; qui diffèrent des précédents en ce qu'ils ne sont pas décomposables par H^2O. — Ils sont en revanche facilement *oxydables* et donnent les acides chloracétiques. — Les *métaux alcalins :* déplacent H et donnent aldéhydates alcalins. — Act. des *acides :* l'aldéhyde s'unit directement à CAH et HCl et aux autres acides avec élimination d'H^2O. — Les *alcalis :* la KOH et NaOH colorent l'aldéhyde en brun en la résinifiant. — L'AH^3 s'unit directement pour former l'aldéhydate d'ammoniaque. — Les *bisulfites alcalins* se combinent à équivalents égaux, par simple agitation à froid (cette réaction est générale aux aldéhydes). Le composé est détruit par les alcalis libres ou carbonatés. — Avec l'*alcool anhydre* il se forme de l'*acétal* $CH^3CH=(OC^2H^5)(OC^2H^5)$ qu'on peut considérer comme un éther formé par l'union d'un glycol éthylidénique $CH^3CH=(OH)(CH)$, qu'on rattache au chlorure d'éthylidène $CH^3CH=(Cl^2)$ (et non CH^2Cl,CH^2Cl), avec 2 mol. d'alcool et élimination de $2H^2O$. — L'*acétal* est liquide, et bout à 104°.

ISOMÈRES ET POLYMÈRES : L'aldéhyde s'unit à elle-même et aux autres aldéhydes :
3 mol. d'aldéhyde s'unissent pour donner 2 composés isomériques $C^6H^{12}O^3$. — 1° La *paraldéhyde :* sol. ; fond à 10° et bout à 125°. — 2° La *métaldéhyde :* sol. ; sublimable à 120°.

2 mol. d'aldéhyde peuvent se combiner avec perte d'H^2O ; on obtient l'*aldéhyde crotonique* C^4H^6O.

3 mol. d'aldéhyde peuvent, sous l'influence d'une solut. aq. froide et concentrée d'HCl, s'unir en modifiant leur structure pour donner l'*aldol* (Wurtz) $C^4H^8O^2$ ou *aldéhyde oxybutyrique* qui se transforme en un isomère le *paraldol*.

USAGES MÉDICAUX : L'*aldéhyde ordinaire* a été employée en inhalation comme anesthésique ; produit des phénomènes de suffocation.

La *paraldéhyde :* liquide à 10° jouit de propriétés anesthésiques et hypnotiques remarquables. — 2 à 6 gr. procurent le sommeil. — Ne fait pas disparaître la douleur, mais bien la surexcitation due à la fatigue du cerveau; à la manie; à la folie. — Corps bien supporté par l'estomac.

L'aldéhyde est un corps *réducteur*. — Argenture des miroirs.

ALDÉHYDE TRICHLORÉE CCl^3-COH (Chloral, hydrure de trichloracétyle).

Corps isomérique avec le chlorure d'acétyle dichloré (CCl^2HCOCl). — Liq. incol.; od. forte irritante qui provoque le larmoiement; $D = 1,51$; bout à 99°; sol. dans l'eau, l'alcool et l'éther.

PRÉPARATION : Act. du chlore sec jusqu'à refus sur l'alcool anhydre, d'abord refroidi, puis chauffé. — Le produit est traité par SO^4H^2 concentré. Le chloral qui se sépare est distillé 2 ou 3 fois sur SO^4H^2, puis sur la chaux caustique. — On peut abandonner le produit au contact de SO^4H^2 pendant qq. jours.; le chloral liquide se transforme en un isomère insoluble solide; le chloral insoluble, qu'on sépare, lave, sèche et distille.

Le *chloral insoluble* (polymère) est en poudre blanche. — Il se forme lentement lorsqu'on soumet le chloral ordinaire à l'act. des acides, même en très faibles proportions.

PROPRIÉTÉS: L'H naissant en liq. acide transforme le chloral en aldéhyde. L'ac. *azotique* (corps oxydant) le transforme en acide *trichloracétique*. — Les *alcalis* donnent du chloroforme et un formiate alcalin : CCl^3-COH + KOH = CCl^3H + CHO.OK. — Il s'unit à l'ammoniaque. — Corps réducteur comme l'aldéhyde (liq. de Fehling).

HYDRATE DE CHLORAL : En se dissolvant dans l'eau, le chloral dégage de la chaleur et contracte combinaison. — Il se forme un hydrate de chloral CCl^3,COH + H^2O, qui cristallise en prismes rhomboïdaux; très solubles dans l'eau; fusibles vers 50°. C'est sous la forme d'*hydrate* que le chloral est principalement employé en médecine.

ALCOOLATE DE CHLORAL CCl^3COH,C^2H^5OH : Obtenu par l'action de l'alcool sur le chloral.

L'*hydrate* et l'*alcoolate* de *chloral* sont blancs; onctueux; aromatiques; facilement fusibles; neutres aux papiers réactifs; très solubles. — La solution ne doit pas précipiter AO^3Ag. — Ils ne doivent pas posséder l'odeur de $COCl^2$. — Ils ne doivent pas noircir par SO^4H^2 à 120°. — Dosage acidimétrique du chloral.

USAGES DIVERS : Antiputride et antifermentesc[b].c; — embaumements.

EMPLOIS MÉDICAUX: Anesthésique employé à la place de l'opium. — Il agit sur l'économie d'une façon spéciale, différente de celle de $CHCl^3$; toutefois dans le sang il se décompose partiellement en $CHCl^3$ et CHO.OH. — Injections intra-veineuses.

ALDÉHYDE PROPYLIQUE: CH^3-CH^2-COH. Grande analogie avec l'aldéhyde ordinaire.

ALDÉHYDE ALLYLIQUE: CH^2=CH-COH (acroléine). — Liq. incol., od. très irritante; bou[t] à + 52°; soluble dans l'eau, l'alcool et l'éther.

PRODUCTION : Dans la décomposition pyrogénée des corps gras (glycérine et bisulfate de potassium).
PROPRIÉTÉS : Donne par oxydation de l'ac. *acrylique*.
ACÉTONE ORDINAIRE: $CH^3-CO-CH^3$ (diméthylcétone). — Liq. incol., mobile; od. éthérée agréable., bou^t à + 56°; soluble dans l'eau, l'alcool et l'éther.
PRÉPARATION : Distillation sèche de l'acétate de chaux ou de plomb.
PROPRIÉTÉS : Donne par *hydrogénation* de *l'alcool isopropylique;* — par *oxydation* de l'acide acétique et CO^2. Donne, avec *chlore,* des dérivés chlorés.
ACTION SUR L'ÉCONOMIE: Anesthésique. — Doute à propos de sa formation dans l'économie. — Acétonurie.

Acides organiques.

DÉFINITION : Composés organiques renfermant C.O. et H (qqf. A) et contenant un ou plusieurs atomes d'hydrogène facilement remplaçables par des *métaux* pour former des *sels.* (Dégagement de chaleur : ac. forts et ac. faibles.) — Combinables aux *alcools* avec élimination d'H^2O pour former des *éthers.* — Ils dérivent par oxydation régulière des alcools primaires -(CH^2OH) devient -(COH), puis -(COOH). — On peut les envisager comme des hydrates de radicaux d'acides.

CLASSIFICATION: *mono; bi; tri; tétrabasiques,* etc., suivant qu'ils renferment 1 fois, 2, 3, 4, etc., le groupe^t -(COOH).

ACIDES A FONCTIONS MIXTES: *Acide-alcool, acide-aldéhyde,* etc., etc.

PROCÉDÉS GÉNÉRAUX D'OBTENTION: 1° Oxydation des hydrocarbures. — 2° Oxydation régulière des alcools. — 3° Oxydation des aldéhydes. — 4° Act. de la KOH sur les cyanures de radicaux alcooliques. — 5° Extraction des sels naturels correspondant par le procédé général de Scheele: transformation en sels de plomb et décomposition par H^2S.

CARACTÈRES GÉNÉRAUX : Liquides ou solides; généralement solubles dans l'eau et l'alcool. — Réaction et saveur acides. — Réactifs acidimétriques : tournesol; phénol-phtaléine; méthylorange; cochenille; bleu C4B., etc.

Les acides organiques étant très nombreux et très importants, nous en ferons l'étude en même temps que celle des familles de corps au plus grand nombre desquelles ils ont fait donner leur nom.

Composés sulfurés.

Le *soufre* peut remplacer *l'oxygène* dans les alcools et les oxydes de radicaux alcooliques.

ALCOOLS A SOUFRE OU MERCAPTANS :
MÉTHYLMERCAPTAN CH^3-SH.

ÉTHYLMERCAPTAN C^2H^5-SH.

CARACTÈRE : Liq. incol. à od. alliacée insupportable; très volatils; peu solubles dans l'eau. — Obtenus par l'act. du *méthyl* ou de l'*éthysulfate de calcium* sur KSH.

SULFURES DE RADICAUX ALCOOLIQUES : Odeur fétide. — Obtenus par l'act. des mêmes sels de Ca sur K^2S.

Dérivés organo-métalliques.

A MÉTAUX A VALENCE PAIRE.

Composés comparables aux oxydes et aux sulfures de radicaux alcooliques.

ZINC-MÉTHYLE $CH^3-Zn-CH^3$. Composé instable.
ZINC-ÉTHYLE $C^2H^5-Zn-C^2H^5$. id.   id.

Étude des Familles.

Produits renfermant C^1.

MÉTHYLIQUES OU FORMIQUES.

Le carbure fondamental CH^4 ne donne qu'un monalcool $CH^3(OH)$, ou *al. méthylique*, et qu'un acide monobasique $CH(O^2H)$, *ac. formique*. Toutefois, cette famille est de la plus haute importance à cause des radicaux $(CH^3)'$, $(CH^2)''$, $(CH)'''$. On peut y rattacher : CO; CO^2 et CS^2.

Il ne nous reste à étudier ici que l'*acide formique*.

ACIDE FORMIQUE HCOOH (hydrate de formyle). — Liq. incol.; mobile; fumant à l'air; très corrosif; od. forte (acide acétique + HCl); D = 1,222; bout à + 104; cristallise à 0°; fond à 8°5; soluble dans l'eau et l'alcool.

ÉTAT NATUREL : Fourmies rouges, feuilles de pins, joubardes, orties, sueur, sang, bile, chenilles processionnaires, eaux minérales de Prinzhofen.

PRODUCTION SYNTHÉTIQUE : 1° Oxydation de $CH^3OH + O^2 = CHO.OH + H^2O$. — 2° $2CO + BaO^2H^2 = (CHO.O)^2Ba^{iv}$ ou $CO + H^2O = CHO.OH$ (Berthelot). —Ballon scellé, rempli de CO et contenant hydrate de baryte; 100 heures de chauffage à 100°. — 3° Act. de H^2O sur CAH en présence des acides minéraux : $CAH + 2H^2O = CHOOH + AH^3$.

PRÉPARATION : Mélange de glycérine 500 p., acide oxalique 250 p., chauffé au bain d'huile tant qu'il se dégage CO^2. — On obtient un liquide distillé qui renferme 50 à 60 % d'ac. formique. — $C^2H^2O^4 = CO^2 + CHOOH$.

Il se fait de l'*éther glycérylformique*, qui est dédoublé par l'eau en ac. formique et glycérine.

L'ac. monohydraté HCO.OH s'obtient : 1° en distillant le liquide à 50 % avec de l'ac. borique sec et pulvérisé. — 2° En transformant en formiate de plomb que l'on dessèche et que l'on décompose par H^2S dans un tube chauffé à 120°.

Propriétés : Acide très énergique; monobasique. La chaleur (260°) le décompose en eau et CO^2. — Les formiates sont solubles dans l'eau. — L'ac. formique libre ou combiné agit comme corps réducteur en absorbant O et en se transformant en eau et CO^2. — Il décompose AO^3Ag et déplace l'Ag. — Il transforme $HgCl^2$ en Hg^2Cl^2. — Il forme avec les alcools des éthers formiques.

Usages : Inusité en médecine. Emploi des formiates alcalins et du formiate de calcium.

ÉTHERS FORMIQUES : *Formiate de méthyle* $HCOO,CH^3$. — Liq. très fluide; plus léger que l'eau; bou^t 37°; od. éthérée.

Formiate d'éthyle $HCOO,C^2H^5$. Liq.; bou^t 53°; $D = 0,92$; odeur forte rappelant le *rhum* (ess. de rhum artif.).

Formiate d'amyle $HCOO,C^5H^{11}$. Liq. très mobile; bou^t 116°; $D = 0,87$; odeur de fruits (pommes).

Produits renfermant C^2.

ÉTYLIQUES, VINIQUES OU ACÉTIQUES.

Carbures fondamentaux.	C^2H^6 (éthane)	C^2H^4 (éthylène).	C^2H^2 (acétylène).
Alcools dérivés...	$(C^2H^5)OH$	$C^2H^4(OH)^2$ (éthylglycol).	—
Éthers simples...	$(C^2H^5)^2=O$.	$(C^2H^4)O$ (oxyde d'éthylène).	—
Aldéhyde........	CH^3COH	$(COH)^2$ (glyoxal).	—
Acides..........	CH^3COOH	$(COOH)^2$ (acide oxalique).	—
Composés mixtes..	—	$CH^2(OH)-CO.H$ (ald. glycolique).	
	—	$CH^2(OH)-COO.H$ (ac. glycolique).	
	—	$CO.H-COO.H$ (ac. glyoxylique).	

L'étude des carbures, des alcools, des éthers et de l'aldéhyde ordinaire ayant été faite, il reste à examiner les acides et les autres composés inscrits dans le tableau ci-dessus.

ACIDE ACÉTIQUE CH^3-COOH : Le plus anciennement connu des acides organiques, c'est l'acide du vinaigre. — Corps solide au-dessous de + 17°; liq. au-dessus; incol.; odeur forte piquante caractéristique; $D = 1,06$; bou^t à + 118°; sol. dans l'eau avec contraction; miscible à l'alcool et à l'éther.

Préparation : On distille l'acétate de soude bien desséché avec SO^4H^2.

Industrie de l'acide acétique : *Acide pyroligneux :* distillation du bois; liquide acide et goudronneux qu'on sépare par repos. — Ce liquide contient de l'*acide acétique*, de l'*esprit de bois*, de l'*acétone* et des *éthers divers*. — On distille; les corps volatils s'échappent en premier et sont condensés. — L'*acide pyroligneux* distille ensuite. — On l'utilise quelquefois directement. — Préparation des acétates impurs, de Pb, Ca, Na, Fe *(pyrolignites)*.

Le *pyrolignite de chaux* distillé avec HCl donne un acide acétique (mauvais goût). L'acide *pur* s'obtient avec le pyrolignite de soude, qu'on *frite* pour détruire les matières empyreumatiques. On reprend par l'H^2O et on fait cristalliser; on décompose ensuite l'acétate de soude par SO^4H^2.

ACIDE ACÉTIQUE MONOHYDRATÉ : Obtenu : 1° en traitant l'acétate de soude fondu par SO^4H^2 très concentré; 2° en distillant le biacétate de K, qui se décompose entre 200 et 300°.

VINAIGRE RADICAL : On l'obtient en distillant l'acétate de cuivre ou verdet. — Il renferme de l'acétone. — Les premières portions qui distillent sont colorées en vert.

ACÉTIFICATION DE L'ALCOOL : On prépare encore l'ac. acétique en oxydant l'alcool par l'intermédiaire d'un ferment, le *Mycoderma aceti*, qu'on appelle fleur ou mère du vinaigre. — *Différents procédés:* Orléans; Pasteur (vases plats); Schützenbach ou procédé allemand. — Copeaux de hêtre, appareils rotateurs (toutes les quatre heures).

USAGES : Sous le nom de vinaigre (c.-à-d. dilué), sert dans l'alimentation. — En pharmacie : vinaigres médicinaux. — Vinaigres de toilette. — Non dilué, sert à la préparation des acétates et dans la teinture.

Essai et titrage acidimétrique de l'acide acétique.

ACÉTATES : L'ac. acétique est monobasique. — Il existe des biacétates $(CH^3COO)^2M'H$ et des acétates basiques $(CH^3COO)^2M''+(MO)^n$. Ces derniers peuvent être considérés comme des combinaisons moléculaires comparables aux hydrates. — Tous les acétates sont solubles.

CARACTÈRES : 1° L'ac. acétique chauffé avec l'ac. sulfurique noircit et il se dégage des gaz carbonique et sulfureux (différence avec ac. formique).

2° L'ac. acétique et les acétates concentrés précipitent avec AO^3Ag de l'acétate d'argent peu soluble, ne se réduisant pas par la chaleur (diff. avec ac. formique).

3° L'ac. acétique et les acétates additionnés d'alcool et de qq. gouttes de SO^4H^2 donnent de l'éther acétique.

4° Ils sont colorés en rouge par le perchlorure de fer — acétate ferrique (analogie avec l'acide formique).

5° Chauffés avec As^2O^3, ils donnent des vapeurs blanches, à odeur alliacée, d'*oxyde de cacodyle* $[(CH^3)^2As]^2O$, mélangé de cacodyle libre en petite quantité.

Le CACODYLE $(CH^3)^2As$ est un radical (¹) que l'on peut considérer comme de la diméthylarsine moins un H.

Ce *radical* s'unit à lui-même pour donner le *cacodyle libre* $[(CH^3)^2As]^2$.

Le produit précédent, c.-à-d. le mélange des deux corps, est connu sous le nom de *liqueur fumante arsénicale de Cadet*. — On l'obtient en distillant un mélange intime d'As^2O^3 et d'acétate de potasse sec.

Le *cacodyle* ou son oxyde, sous l'influence de l'air et de l'eau, éprouvent une combustion lente et se transforment en ac. *cacodylique* $(CH^3)^2AsOOH$ monobasique.

ÉTHERS ACÉTIQUES : Dérivent de CH^3COOH par substitution de R' alcoolique à H. — On les obtient en distillant un mélange d'acétate de Na, et de SO^4H^2 préalablement mélangé à l'alcool à éthérifier. — Réfrigérant ascendant, puis distillation.

Éther méthylacétique CH^3COO,CH^3. Liq. inc., bou^t à 56°; odeur éth. agréable; soluble dans l'eau, l'alcool et l'éther.

Éther éthylacétique CH^3COO,C^2H^5. — Liq. inc.; mobile; bou^t à 72°; sol. dans 17 p. d'eau. — On le purifie en le lavant avec une solution de CO^3Na^2. — On le sèche sur $CaCl^2$.

Usages : Frictions excitantes dans le traitement des névralgies et des rhumatismes. — En inhalation, il calme l'irritation des voies aériennes et diminue les sécrétions bronchiques. — Ne doit pas être acide. — L'eau (s'il n'est pas bien rectifié) le décompose (saponifie) en alcool et en ac. acétique. — L'éther pur possède une odeur de pomme de reinette.

Essai et titrage acidimétrique.

ACÉTATES MÉTALLIQUES : ACÉTATE DE POTASSE CH^3COOK. (Terre foliée de tartre.) Il se rencontre dans la sève de plusieurs plantes.

Préparation : Saturation à chaud de l'ac. acétique par CO^3K^2. — A mesure que le sel se forme, on l'enlève et on l'enferme dans des flacons secs et bien bouchés. — Il se présente sous forme de lamelles blanches; il est très déliquescent; assez fusible; très sol. dans l'eau et l'alcool.

Usages : Il est employé comme diurétique (vin diurétique H. D. Trousseau).

L'acétate de K forme avec ac. acétique un *biacétate* (CH^3COOK,CH^3COOH) cristallisé, qui décomposé à 200° donne CH^3COOK et CH^3COOH monohydraté. — On connaît aussi un triacétate cristallisable et déliquescent.

ACÉTATE DE SOUDE : $CH^3COONa + 3H^2O$. Sel efflorescent en gros prismes rhomboïdaux obliques; sav. amère et piquante; sol. dans 3 à 4 p. d'eau; il fond dans son eau de cristallisation à 59°, puis il éprouve la fusion ignée. — La solut. saturée à l'ébullition cristallise lentement en cédant de la chaleur latente (chaufferettes hygiéniques).

Il donne aussi un biacétate et un triacétate.

Usages médicaux : C'est un fondant et un diurétique à la dose de 2 à 8 gr. par jour. — Dans l'économie il se change en bicarbonate de soude. — Mélangé par fusion avec de l'azotate de K (10 p. pour 6 d'acétate), on obtient une poudre blanche fusante. — Chaufferettes hygiéniques. — Il est employé comme réactif.

ACÉTATE DE BARYTE $(CH^3COO)^2Ba^{IV} + H^2O$. Employé comme réactif.

ACÉTATE D'ALUMINE : Obtenue par double décomposition. — Acétate de Pb et $(SO^4)^3Al^2$.

Usages : Mordant en teinture. — Il imperméabilise les étoffes. — Réactif dans l'analyse des vins; il donne une coloration violette avec certaines substances végétales.

ACÉTATES DE FER : L'acétate du commerce ou *acét. ferreux* est impur et est mélangé à du goudron. — On l'obtient avec l'ac. pyroligneux brut et la vieille ferraille. — Il sert en teinture en noir (avec le tannin). Il a été le premier sel injecté dans le bois pour le conserver.

L'acétate ferrique : Obtenu en saturant ac. acétique avec sesquiox. de fer. — A été employé en médecine comme ferrugineux.

ACÉTATES DE PLOMB $(CH^3COO)^2Pb'' + 3H^2O$ (sel ou sucre de saturne, acétate neutre).

PRÉPARATION : Neutralisation de l'ac. acétique par litharge. — Cristall. en aiguilles formées de prismes clinorhombiques; sol. dans 2 p. d'eau et dans 8 p. d'alcool; saveur sucrée, puis astringente et métallique.

USAGES : En *médecine* : résolutif et pour combattre les sueurs nocturnes (pilules). Médicament dangereux.

L'EXTRAIT DE SATURNE : Préparé en faisant digérer à froid ou à chaud 1 p. de litharge dans 8 p. d'eau et 3 p. d'acétate neutre de Pb. — Liquide marquant 30° B^c, renferme de l'acétate tribasique de Pb : $(CH^3COO)^2Pb$. $2PbO, H^2O$. — Additionné d'eau ordinaire, il donne l'eau blanche ou de Goulard. — Il est décomposé par CO^2 avec formation de CO^3Pb (céruse) et de $(CH^3COO)^2Pb$.

ACÉTATES DE CUIVRE : 1° *Acétate neutre* $(CH^3COO)^2CuH^2O$ (cristaux de Vénus). — Sol. à chaud dans 5 p. d'eau; un peu sol. dans l'alcool. — On l'obtient en traitant le verdet ou acétate basique par l'ac. acétique.

2° *Acétate basique ou verdet* : Mélange assez complexe renfermant des acétates, bibasique, tribasique et sesquibasique de cuivre. — Se présente en gros pains ou sous forme de sphères.

PRÉPARATION : Au moyen du cuivre et du marc de raisin. — Sert à préparer des matières colorantes vertes, notamment le *vert de Schweinfurth* $(CH^3COO)^2Cu, 3As^2O^4Cu$: obtenu en faisant dissoudre 4 p. d'As^2O^3 dans 50 p. d'eau chaude; on ajoute 5 p. de verdet et on fait bouillir en ajoutant de temps en temps un peu d'ac. acétique. — Ce produit est très vénéneux.

ACÉTATE D'AMMONIAQUE CH^3COO, AzH^4 (esprit de Mindérérus) : Sel blanc, déliquescent, très soluble dans l'eau. — Obtenu en neutralisant l'ac. acétique par du carbonate d'ammoniaque. — Pour l'avoir cristallisé, on fait passer un courant d'ammoniac bien sec dans l'acide acétique crist. refroidi dans mélange réfrigérant.

USAGES MÉDICAUX : On l'administre comme diurétique, diaphorétique et antispasmodique.

L'*esprit de Mindérérus* était obtenu en neutralisant l'ac. acétique par les produits ammoniacaux obtenus dans la distillation des os. C'était un acétate complexe d'ammoniaque et de bases pyridiques (médicament très actif).

DÉRIVÉS CHLORÉS DE L'ACIDE ACÉTIQUE : Obtenus par l'act. du chlore sur ac. acétique additionné d'un peu d'iode.

ACIDE ACÉTIQUE MONOCHLORÉ : $(CH^2ClCOOH)$. Solide fond à 62°; bout à 187°; déliquescent.

ACIDE ACÉTIQUE BICHLORÉ : $CHCl^2COOH$. Cristallise au-dessous de 0°; bout à 191°.

ACIDE ACÉTIQUE TRICHLORÉ : CCl^3COOH. Crist. fond à 52°; bout à 200°; s'obtient par oxydation par AO^3H du chloral.

CHLORURE D'ACÉTYLE (CH^3CO)-Cl. Liq. incol.; mobile; fumant à l'air; bout à + 55°. Obtenu (Gerhardt) par act. du perchlorure ou de l'oxychlorure de P sur l'acétate de soude. — On fait tomber g^tte à g^tte l'oxychlorure sur l'acétate sec :

$$3(CH^3COOH) + POCl^3 = 3(CH^3COCl) + PO^4H^3.$$

PROPRIÉTÉS : *L'eau* décompose en HCl et en CH^3COOH. — *L'ammoniaque* donne de l'acétamide $CH^3COCl + AH^3 = HCl + AH^2-CH^3CO$. — Les *alcools* donnent des éthers acétiques $CH^3COCl + C^2H^5OH = HCl + CH^3COO,C^2H^5$. — Les *sels d'ac. organiques anhydres* donnent des acides anhydres : 1° $=CH^3COCl + CHOONa = NaCl + (CH^3CO)O(CHO)$ (anhydride acéto-formique). 2° $CH^3COCl + CH^3COONa = NaCl + (CH^3CO)-O-(CH^3CO)$ (anhydride acétique).

Ces réactions sont les mêmes pour les chlorures acides des homologues supérieurs.

ANHYDRIDE ACÉTIQUE $(CH^3CO)-O-(COCH^3)$. Liq. incol.; od. très vive rappelant celle de l'ac. acétique et de l'aubépine; D = 1,09; bout à 139°. — *L'eau* et les *alcalis* donnent de l'acide acétique et des acétates.

ALDÉHYDE GLYCOLIQUE. Peut s'obtenir en réduisant l'ac. oxalique par H^2 ou Zn. — N'a pas été isolé à l'état de pureté. — A l'air ou à 100° il se transforme en ac. glycolique.

GLYOXAL : Prend naissance dans l'act. de l'AO^3H sur alcool, ou même sur l'aldéhyde ou paraldéhyde. — Masse solide transparente; sol. dans l'eau, l'alcool et l'éther.

L'ACIDE GLYOXYLIQUE s'obtient dans les mêmes conditions.

ACIDE OXALIQUE $(COOH)^2$. Existe dans beaucoup de végétaux : rhubarbe, valériane, rhumex, gentiane, oxalidées, chénopodées, amaranthacées, quinquina, cannelle. Il existe normalement dans les urines et augmente sous l'influence de troubles digestifs, respiratoires ou pulmonaires. — Calculs muraux.

On l'obtient par l'oxydation de l'alcool, du bois, du sucre, de l'amidon, etc., etc. — Cristaux rhomboïd. obliques, blancs, hydratés $C^2H^2O^4$, $2H^2O$. — A 100° il devient anhydre. — Soluble dans 10 p. d'eau à 20°; soluble dans l'alcool. — Il fond dans son eau de cristallisation.

PRÉPARATION (Laboratoire): sucre, 100 p.; AO^3H, 850 p. — (Industrie) : act. de KOH et de chaleur sur sciure de bois.

Scheele l'a retiré du sel d'oseille. — Transformation en oxalate de Pb et décomp^t par H^2S.

PROPRIÉTÉS : Chauffé avec acides énergiques concentrés, se dédouble en $H^2O + CO + CO^2$. — Chauffé avec la glycérine à 190°, il donne

CHOOH + CO^2. — Le MnO^4K l'oxyde en se décolorant; il se dégage CO^2 (réaction utilisée en analyse). — C'est un corps réducteur (sels d'or).

OXALATES: Acide bibasique. — Oxalates neutres et oxalates acides. — Les oxalates alcalins sont solubles; les autres sont insolubles. — Chauffés, ils sont tous décomposables sans laisser de résidu charbonneux. — Chauffés avec SO^4H^2, ils donnent $CO + CO^2$. — Les oxalates solubles précipitent les sels de chaux : précipité blanc sol. dans les ac. minéraux, mais insol. dans l'ac. acétique étendu.

ÉTHERS OXALIQUES. Il y en a de deux sortes :
Éther monométhyloxalique COOH-COO,CH^3.
Éther diméthyloxalique COO,CH^3-COO.CH^3. — (Préparation de l'alcool méthylique) fusible à 50° et bou^t à 104°.
Éther monoéthyloxalique COOH-COO,C^2H^5. — Très instable (ac. éthyloxalique).
Éther diéthyloxalique COO,C^2H^5-COO,C^2H^5. — Liq. bou^t à 186°. — On dissout ac. oxalique privé de son eau de cristallis^{on} dans deux fois son poids d'alcool absolu; on sature la solution par un courant d'HCl sec. — On précipite après qq. heures par l'eau. — Il se sépare un liq. huileux que l'on lave, sèche sur $CaCl^2$ et que l'on distille.

OXALATES DE POTASSIUM. Il en existe plusieurs :
L'*oxalate neutre* — $C^2O^4K^2,H^2O$; obtenu par saturation.
L'*oxalate acide* — $C^2O^4KH,^1/_2H^2O$; id.   id.
Le *quadroxalate* — $C^2O^4KH,C^2O^4H^2 + 2H^2O$, id.   id.
Le SEL D'OSEILLE du commerce est un mélange des deux derniers dans lequel le deuxième domine.

USAGES: Pour réduire et corroder les couleurs; pour enlever les taches d'encre et de rouille, car il fait passer les sels ferriques à l'état de sels ferreux et l'oxalate ferreux est soluble dans un excès d'ac. oxalique.

OXALATE DE CALCIUM $(COO)^2Ca + 2H^2O$. Très abondant dans végétaux (raphides). — Il se forme dans l'organisme sous influence d'une alimentation par trop végétale. — Existe dans l'urine et les calculs muraux. — Corps solide; insol. dans l'eau; insol. dans l'ac. acétique; sol. dans les acides minéraux. — La chaleur le décompose en CO^3Ca et CO^2.

USAGES : Analyse organ., dosage de A.

OXALATES D'AMMONIAQUE $(COOH)^2(AH^3)$ (acide) et $(COOH)^2(AH^3)^2$ (neutre). Ce dernier sert de réactif pour précipiter le calcium.

TOXICOLOGIE: L'acide oxalique et les oxalates sont très vénéneux. — Action toxique spéciale stupéfiante sur le cœur.

RECHERCHE : On traite les viscères à une douce chaleur par HCl, pour mettre l'ac. en liberté. — On traite par l'alcool et on filtre. — L'addition de $CaCl^2$ donne un précipité d'oxalate de Ca reconnaissable au microscope (recherche dans vinaigre et dans vins). — Décoloration de MnO^4K. Réduction du chlorure d'or. — Pour combattre les empoisonnements, on fait boire de l'eau de chaux, on fait absorber de l'hydrate de magnésie; on fait vomir.

Produits renfermant C^3.

1º PROPYLIQUES OU COMPLETS.

Les corps de cette famille, qui sont des composés complets, se rattachent à des hydroc. forméniques ou éthyléniques complétés par addition. — Ces carbures engendrent normalement des alcools mono et polyatomiques tels que :

L'*alcool propylique normal primaire,* qui donne l'ac. propionique.
Le *glycol propylique normal,* qui donne par oxydation régulière :
    1º L'*acide lactique normal* (acide-alcool);
    2º L'*acide malonique* (bibasique).
Le *glycol isopropylique* qui fournit :
    1º L'*acide lactique de fermentation;*
    2º L'*acide pyruvique* (acide acétonique).

La *glycérine* ou *alcool triatomique* qui engendre des *acides,* des composés à fonctions *mixtes* et qui en s'éthérifiant peut donner les *corps gras naturels.*

ACIDE PROPIONIQUE CH^3–CH^2–COOH. — Liq. incol.; od. forte et piquante; bou^t à 141º; sol. dans l'eau. — Il se forme pendant la distill^{on} du bois. — On en a trouvé dans la sueur. — Il existe un très grand nombre de procédés de préparation. — Oxydation de C^3H^b–OH par le bichromate de potasse et SO^4H^2. — Réduction de l'ac. lactique par HI. — Hydratation de C^3H^b–CA par KOH.

Les *propionates* sont tous solubles.

ACIDES LACTIQUES $C^3H^6O^3$. — On en connaît quatre :

1º L'acide *lactique de fermentation* ou acide *éthylidénolactique* (lait aigri).

2º L'*acide lactique normal* ou *éthylénolactique* (muscles).

3º L'*acide paralactique* (ac. sarcolactique muscles, c'est celui qui domine) : Il est différent de l'ac. de fermentation par la solubilité de ses sels et par son action sur la lumière polarisée (il est actif).

4º L'*acide hydracrylique :* peu important et ayant une constitution toute différente.

ACIDE LACTIQUE DE FERMENTATION CH^3–CH(OH)–COOH. — Liq. incol.; très acide; sans action sur la lumière polar.; sol. dans l'eau et dans l'éther.

PRÉPARATION : sucre 10 p., eau 100 p., fromage 1 p., craie 10 p., dans étuve à 35º-40º. — Il se développe un ferment *(lactique)* qui décompose la glucose en ac. lactique. — Il se forme du lactate de chaux (éviter que le mélange ne devienne acide) qu'on recueille et qu'on décompose par SO^4H^2. — On épuise par l'éther et on laisse évaporer.

LACTATE DE CHAUX $(C^3H^5O^3)^2Ca,5H^2O$: Cristallise en houppes soyeuses; sol. dans 10 p. d'eau.

LACTATE DE ZINC $(C^3H^5O^3)^2Zn,3H^2O$: Croûtes cristallines sol. dans 58 à 60 p. d'eau. — On l'obtient en dissolvant Zn ou CO^3Zn dans l'ac. lactique; il se forme des aiguilles brillantes de saveur légèrement sucrée, puis styptique.

LACTATE FERREUX : Act. de SO^4Fe sur le lactate de Ca. — Sol. dans 50 p. d'eau froide. — Pilules de lactate de fer.

LACTOPHOSPHATE DE CHAUX : Préparat. obtenue en dissolv^t du phosphate bicalcique dans de l'ac. lactique. — C'est un mélange de phosphate acide et de lactate de Ca.

ACIDE LACTIQUE NORMAL CH^2OH-CH^2-COOH. — Liq. sirupeux; incol.; sans act. sur la lum. polar. — Il existe dans les *muscles* en petite quantité à côté de l'ac. paralactique.

On l'obtient synthétiquement (Wislicenus) en traitant la monocyanhydrine du glycol par KOH.

ACIDE PARALACTIQUE ou acide des muscles *(ac. sarcolactique)* : On prépare de l'ext. de viande; on précipite par l'alcool et on filtre. — La liqueur filtrée est évaporée; traitée par SO^4H^2 et agitée avec éther. — On évapore l'éther et on sature par CO^3,Pb. On décompose par H^2S. — On transforme en sel de zinc; on évapore et on fait cristalliser. — Le *paralactate de zinc* cristallise, le *lactate normal* reste dans les eaux mères. — L'*ac. paralactique* est sirupeux; incol.; dextrogyre. — Il est très altérable et se transforme même au sein de l'eau en acide dilactique et lactide.

LACTIDE : Premier anhydride de l'acide lactique obtenu par l'action de la chaleur + 130°. — A + 250° on obtient un second anhydride.

ACIDE PYRUVIQUE $CH^3-CO-COOH$. — C'est un acide acétonique. — Liquide jaunâtre un peu épais. — Il se produit dans la décomposition sèche de l'ac. tartrique.

En fixant H^2, il donne l'ac. lactique de fermentation (amalgame de Na).

2° ALLYLIQUES OU INCOMPLETS.

Composés incomplets se rattachant au carbure éthylénique.

PROPYLÈNE $CH^3-CH=CH^2$. — Gaz incol.; od. de marée; obtenu par la déshydratation de l'alcool isopropylique par le $ZnCl^2$.

CHLORURE D'ALLYLE C^3H^5-Cl. Liq. incol.; bout à 46°; od. irritante; produit par l'action du chlorure de P sur l'alcool allylique.

TRIBROMURE D'ALLYLE $C^3H^5Br^3$. — C'est un composé complet obtenu par Wurtz. — Isomérique de la tribromhydrine. — (Propriétés antispasmodiques.)

ALCOOL ALLYLIQUE C^3H^5-OH. — Alcool incomplet. — Liq. incol.;

mob.; od. spiritueuse piquante et alliacée; bout à 96°. — C'est un alcool primaire.

PRÉPARATION : 1° Glycérine sèche chauffée avec biiodure de P. — Il distille de l'*iodure d'allyle* qui bout à 101°, qui sert à obtenir l'*alcool* par saponification, et par double décomposition les autres éthers allyliques (Tollens et Webber). — 2° On chauffe glycérine avec $C^2O^4H^2$ crist. jusqu'à 190°. — Il passe de l'*alcool allylique* et du *formiate d'allyle*. — Il donne des éthers avec les acides.

L'H naissant s'unit lentement à lui pour donner de l'alcool propylique.

OXYDE D'ALLYLE (C^3H^5)–O–(C^3H^5) : Existe dans l'essence d'ail.

SULFURE D'ALLYLE (C^3H^5)–S–(C^3H^5) : Forme la majeure partie de l'essence d'ail. — On le trouve dans les produits volatils retirés d'un grand nombre de crucifères et d'asphodélées.

On l'obtient en traitant K^2S par l'iodure d'allyle. — On verse l'iodure g^{tte} à g^{tte} dans sol. alc. conc. de K^2S; on laisse digérer qq. heures à + 80° et on distille à 148°.

Produits renfermant C^4.
1° BUTANIQUES OU COMPLETS.

Ces produits dérivent par substitutions régulières des butanes C^4H^{10}.

Le *butane normal :* se rencontre dans le pétrole; gazeux; liquéf. à 0°.

L'*isobutane :* obtenu par l'act. du zinc sur l'iodure de butyle tertiaire. — Il est gazeux.

Ils peuvent encore se rattacher (par addition) à l'une des trois modifications connues des *butylènes* C^4H^8. Ils comprennent :

Quatre alcools butyliques $C^4H^9(OH)$, auxquels se rattachent les *ac. butyriques*.

Trois glycols butyléniques $C^4H^8(OH)^2$, auxquels se rattachent les *ac. oxybutyriques* (acides-alcools), l'*ac. succinique normal* et l'*ac. isosuccinique* (bibasiques).

Un butanglycérol $C^4H^7(OH)^3$, auquel on peut rapporter les *ac. dioxybutyriques* (monacide et dialcoolique) et les *ac. maliques* (biacides et monoalcooliques).

Un érythrol ou *érythrite* $C^4H^6(OH)^4$, auquel se rattache l'*ac. érythroglycique* (trialcoolique et monacide) et les *ac. tartriques* (diacides et dialcooliques).

ACIDES BUTYRIQUES $C^4H^7(O^2H)$: L'ac. normal est le plus important. — Liq. huileux; incol.; soluble dans l'eau et l'éther. — Od. forte acide, désagréable et tenace; bout à + 163°. — Existe dans le beurre à l'état de butyrine; les feuilles de l'*Heracleum giganteum* (butyrate d'hexyle). — Il se produit dans la putréfaction et dans plusieurs fermentations. — Act. du *Bacillus amylobacter* sur : sucre, amidon, cellulose, lactates. Dégagement d'hydrogène et de gaz carbonique.

PRÉPARATION : Sucre, eau, craie, vieux fromage (température + 40°).

ACIDES OXYBUTYRIQUES $C^4H^6(OH)(O^2H)$: Homologues supérieurs des ac. lactiques. — On en connaît quatre modifications.

ACIDES SUCCINIQUES $C^4H^6(O^2H)(O^2H)$: On en connaît deux isomériques.

Acide éthylénosuccinique ou normal $(COOH-CH^2-CH^2-COOH)$. — Cristaux prism.; fond à + 180°; bout à + 235°; sol. dans 8 p. d'eau. — Retiré du succin. — Contenu dans le vin (fermentation alcoolique); la térébenthine; les liquides de l'organisme. — Il se produit dans la fermentation des matières albuminoïdes; dans l'oxydation des corps gras.

SYNTHÈSE : Act. de KOH sur dicyanure d'éthylène.

PROPRIÉTÉS : H naissant donne de l'ac. butyrique. — Le Br donne des dérivés mono et bibromés, transformés par (AgOH) en ac. *malique* et *tartrique*.

USAGES : Réactif : précipite les sels de fer en brun.

Acide éthylidénosuccinique $CH^3-CH=(COOH)^2$: Pas important.

ACIDES DIOXYBUTYRIQUES $C^4H^6O^4$: Pas importants.

ACIDES MALIQUES OU OXYSUCCINIQUES $C^4H^3(OH)(O^2H)(O^2H)$. — On en connaît quatre : un lévogyre ordinaire, un dextrogyre et deux inactifs, dont l'un par *compensation*.

L'*ac. malique ordinaire* est sol.; déliquescent; fond à + 100°. — A + 175°, il perd de l'eau et donne des *ac. maléique* et *fumarique*. — Il existe dans un grand nombre de fruits, desquels on l'extrait par le procédé général de Scheele.

ACIDES TARTRIQUES $C^4H^6O^6$ = $(CO.OH)-CH(OH)-CH(OH)-(CO.OH)$. On en connaît quatre : *ac. droit, ac. gauche, ac. racémique* ou *paratartrique* (décomposable) et *ac. mésotartrique* ou *inactif* de synthèse, mais transformable à 175° en *ac. racémique*.

ACIDE TARTRIQUE DROIT : C'est le plus répandu. — Jus de raisin et fruits acides, vins, tartre (découvert par Scheele en 1785). — Cristaux prism. rhomboïd. obliques hémiédriques à droite. — Sol. dans l'eau et l'alcool. — Anhydre; incolore; très dur; sans action sur lum. polar., mais fondu ou en sol.; dévie à droite. — Le pouvoir rotatoire augmente avec la dilution.

PRÉPARATION : Cristaux de crème de tartre; sablons. — 1° Transformation de crème de tartre en tartrate de Ca (en 2 temps). — 2° Décomposition du tartrate de chaux par SO^4H^2. — On peut aussi obtenir le tartrate de Ca en traitant les lies de vin par HCl; on filtre et on précipite par CO^3,Ca.

PROPRIÉTÉS : La chaleur 170° à 180° commence par fondre l'acide droit qui se transforme en ac. *métatartrique* (isomère). — Si on chauffe un peu plus, on fait perdre H^2O et on a $2C^4H^6O^6 - H^2O = (C^4H^5O^5)^2=O$, ou *ac. ditartrique* puis l'*anhydride tartrique* $C^4H^4O^5$. — A 220° et au-dessus, il se décompose en gaz carbonique et ac. *pyruvique, pyrotartrique* et *acétique*.

Les corps réducteurs, HI, transforment l'ac. tartrique en ac. malique, succinique, butyrique et hydrure de butylène. — L'hydrogène naissant donne les ac. malique et succinique, etc. — Les oxydants ($AO^3.H$, MnO^4K) transforment l'ac. tartrique en ac. *tartronique, oxalique* et *formique*. — L'ac. tartrique agit souvent comme corps réducteur.

TARTRATES : TARTRATE ACIDE DE POTASSIUM OU CRÈME DE TARTRE : Existe dans les vins (2 à 3 gr. 0/00) et se dépose — lies — tartres. — *Purification* — prismes durs rhomb. droits, peu solubles dans l'eau, 4 à 5 gr. 0/00.

Usages : *En médecine :* diurétique et alcalin. — *En teinture.* — *En pharmacie :* sert à préparer le sel de seignette, la crème de tartre soluble et les émétiques.

SEL DE SEIGNETTE $C^4H^4O^6NaK + 4H^2O$. — Crist. en prism. rhomboïd. — Très soluble dans l'eau. — Purgatif. — Sert à confectionner la liqueur de Fehling.

Préparation : Neutralisation à chaud de crème de tartre par CO^3,Na^2.

Réaction de l'ac. tartrique et des tartrates : Les tartrates insolubles dans l'eau, sont solubles dans HCl. — Au rouge ils sont décomposés, (résidu charbonneux, avec odeur particulière caractéristique). — $CaCl^2$: précip. cristallin reconnaissable au microscope polarisant. — AH^3 : sur ce précipité + AO^3,Ag. crist. donne à chaud un miroir métallique d'Ag. — Acétate de Pb : Précipité blanc. — L'acide libre précipite l'eau de chaux à froid et devient opaque par le contact avec KOH (diff. avec ac. citrique).

ÉMÉTIQUES : Ce sont des tartrates doubles dans lesquels la moitié des H basiques est remplacée par un métal et l'autre par un radical oxygéné tel que $(SbO)'(BoO)'(Fe^2O^2)''$.

Émétique ordinaire ou tartrate de K et de (SbO) (tartre stiblé) ; il a pour formule $COOK-CHOH-CHOH-COO(SbO) + 1/2 H^2O$.

Crist. octaéd. à base rhombe ; sol. dans l'eau ; insol. dans l'alcool. — A 100°, il perd son eau de cristallisation ; à 200° il perd encore H^2O ; au rouge blanc, il se convertit en un alliage de Sb et de K uni à un excès de C très divisé. (Charbon fulminant de Sérulas.) Ses solutions aqueuses se décomposent avec dépôt blanc de Sb^2O^3.

Préparation : On l'obtient par l'ébullition prolongée de la crème de tartre avec (Sb^2O^3) ou SbOCl.

Réactions : H^2S : précip. jaune orangé. — KOH précip. blanc d'hydrate antimonieux. — HCl : pré. blanc d'oxychlorure de Sb, soluble dans excès de HCl. — Tannin précip. blanc jaunâtre. — Sn ; Fe ; Cu ; dépôt noirâtre de Sb.

Usages médicaux : Employé comme vomitif et hyposthénisant 0,05 à 0,10. — Sur la peau, il produit des éruptions pustuleuses. — A l'intérieur, à haute dose, il détermine l'inflammation de la muqueuse digestive. — Il est vénéneux. — Il provoque les vomissements même lorsqu'il est injecté dans les veines.

Toxicologie : App. de Marsh.

CRÈME DE TARTRE SOLUBLE (Tartrate double de K et de (BoO) tartrate borico-potassique). — Corps amorphe obtenu en faisant bouillir ensemble de la crème de tartre avec de l'acide borique. On évapore ensuite la solut. Très soluble dans l'eau.

TARTRATE BORICO-SODIQUE. Il constitue aujourd'hui la base de nombreux produits conservateurs et antiseptiques. — Recherches dans les boissons et aliments.

TARTRATE FERRICO-POTASSIQUE. — Il s'obtient en faisant bouillir la crème de tartre avec Fe^2O^3; on filtre; on évapore au B.M., puis à l'étuve sur des plaques de porcelaine.

AUTRES ACIDES TARTRIQUES: *Acide gauche* découvert par Pasteur. — Il provient du dédoublement du racémate ou paratartrate double de Na et d'AH^4.

Acide racémique ou paratartrique: Découvert par Kestner en 1822. — Il résulte d'une combinaison à équival. égaux d'ac. droit et d'ac. gauche. — Il est inactif (par compensation); il est moins soluble que les autres ac. tartriques. — Il se forme et se dépose lorsqu'on chauffe à 175° les sol. d'ac. tartrique. (Jungfleisch.)

Acide tartrique inactif ou mésotartrique (ac. de synthèse). Il se forme aussi, lorsqu'on fait bouillir pendant longtemps les solut. d'ac. tartriques avec HCl. — Découvert par Pasteur parmi les composés qui résultent de l'act. de la chaleur sur le tartrate de cinchonine inactif sur lum. polar. Mais chauffé longtemps à 175° (Jungfleisch) il se transforme en ac. racémique.

2º CROTONIQUES OU INCOMPLETS.

Cette famille comprend les composés incomplets de la condensation C^4. — Ils peuvent se rattacher aux *butylènes* C^4H^8, dont ils dérivent par substitution. — Ils diffèrent par H^2 en moins des produits butaniques; et l'hydrogénation directe suffit souvent pour transformer ces corps en composés complets.

Aux carbures incomplets C^4H^8 se rattachent par substitution :

L'*alcool crotonylique* $C^4H^7(OH)$, auquel correspond l'*aldéhyde crotonylique* $C^4H^5(OH)$ et l'*acide crotonique* $C^4H^5(O^2H)$.

Le *butanglycol* (Henninger), $C^4H^6(OH)^2$ et probablement un isomère, auquel on peut rattacher l'ac. *fumarique* $C^4H^2(O^2H)^2$ et l'ac. *maléique* (isomérique), tous deux bibasiques.

ALCOOL CROTONYLIQUE: Bout à 117°; est produit par l'hydrogénation de l'aldéhyde crotonylique.

ALDÉHYDE CROTONYLIQUE (acraldéhyde): Liq. od. âcre; bout à 101°. — S'obtient par l'act. prolongée du $ZnCl^2$ sur l'aldéhyde ordinaire. — Donne, par oxydation, de l'ac. crotonique. — Donne des dérivés chlorés

— notamment le *croton chloral* $C^4H^5Cl^3O$ qui est liquide et donne un hydrate. — C'est un anesthésique moins actif que le chloral ordinaire.

ACIDES CROTONIQUES : Huile irritante et vésicante sol. dans l'alcool. — Retirés du *croton tyglium* où ils existent avec d'autres acides libres ou combinés.

ACIDE FUMARIQUE : Existe dans la fumeterre, les lichens et les champignons. — S'obtient par l'ac. de la chaleur (180°) sur acide malique qui se trouve déshydraté. — L'hydrogène naissant donne ac. succinique.

ACIDE MALÉIQUE : S'obtient dans la même réaction déshydratante.

Produits renfermant C^5.

1° PENTANIQUES OU VALÉRIQUES.

Ces produits sont complets et dérivent des *pentanes* C^5H^{12} par substitution; ou des amylènes C^5H^{10} par addition. — Ils comprennent :

Les *alcools amyliques* $C^5H^{11}(OH)$: Auxquels se rattachent des *aldéhydes amyliques* $C^5H^{10}O$; et des ac. valériques $C^5H^{10}O^2$.

Trois *amylglycols* $C^5H^{10}(OH)^2$: Auxquels se rattachent cinq acides *oxyvalériques* $C^5H^{10}O^3$ (monacides-monalcools). Les acides *glutarique, pyrotartrique, diméthylmalonique* et *éthylmalonique* $C^5H^{10}O^4$ (bibasiques).

Un *amylglycérol* $C^5H^9(OH)^3$.

Un *pentalcool* ou *arabite* $C^5H^7(OH)^5$ dont l'aldéhyde est l'*arabinose* $C^5H^{10}O^5$.

ALDÉHYDES AMYLIQUES : On en connaît deux :

ALDÉHYDE AMYLIQUE NORMALE : Non importante.

ALDÉHYDE ISOAMYLIQUE : Liq. inc.; fortem^t réfringent; saveur brûlante et amère; odeur très forte de *fruit*; excite la toux; bout à 97°; D = 0,80 : très peu sol. dans l'eau; miscible avec l'alcool et l'éther.

PRÉPARATION : Oxydation de l'al. amylique ord. par bichromate et ac. sulfurique.

ACIDES VALÉRIQUES : On en connaît plusieurs.

ACIDE VALÉRIQUE ORDINAIRE OU ISOVALÉRIQUE (ac. de la valériane; huile de marsouin). — Liq. huileux; inc.; odeur forte, désagréable et pénétrante; D = 0,95; bout à 178°; très peu sol. dans l'eau.

PRÉPARATION : 1° Avec racine de valériane : Distillation avec eau additionnée d'ac. sulfurique et de bichromate. — 2° Avec al. amylique. — Chauffer longtemps avec mélange oxydant ci-dessus, — réfrigérant ascendant. — On obtient un mél. d'aldéhyde et d'acide qu'on sépare. — Produit toujours mélangé d'ac. butyrique.

ÉTHERS VALÉRIQUES : *Valérate de méthyle* $C^5H^9O^2,CH^3$ (éther méthylvalérique). — Liq. inc.; bout à 116°; D = 0,9; odeur de *banane*.

Valérate d'éthyle $C^5H^9O^2,C^2H^5$ (éther éthylvalérique). — Liq. inc.;

bou^t à 133°; D = 0,86; odeur de *pomme de reinette*. — Emplois médicaux : Antispasmodique.

Valérate d'amyle C⁵H⁹O²,C⁵H¹¹ (éther amylvalérique). — Liq. huileux; bou^t à 196°; D = 0,86; odeur agréable de fruit.

VALÉRATES MÉTALLIQUES. VALÉRATE DE ZINC (C⁵H⁹O²)²Zn (valérianate de zinc). — Lamelles nacrées; peu sol. dans eau froide (névralgies).
VALÉRATE D'AMMONIAQUE C⁵H¹⁰O²-AH³ (valérianate d'ammoniaque). — Employé en solutions; — maladies nerveuses — hystérie, épilepsie, chorée.

2° ANGÉLIQUES OU INCOMPLETS.

Corps incomplets se rattachant aux *amylènes* C⁵H¹⁰ par substitution. — On connaît des alcools et des glycols incomplets en C⁵.

ACIDE ANGÉLIQUE C⁵H⁸O². — Existe dans la racine d'angélique, l'essence de camomille romaine à l'état d'*éthers amyl* et *buthylangélique*. — Cristaux prismatiques; fond + 45°5; bou^t à 185°.

Appendice.

MATIÈRES GOMMEUSES. — Corps solides; incrist., inc., inod., saveur fade; comprenant : Les *gommes proprement dites* (solubles dans l'eau); et les *mucilages* (se gonflant dans l'eau sans se dissoudre). — Insol. dans l'alcool. — Provenance (végétaux). — Les solut. aqueuses sont lévogyres. — Principalem^t formées d'ac. *gummique* ou de gummates solubles, et d'ac. *métagummique* ou métagummates insolubles. — La chaleur 150° transf. ac. gummique en ac. métagummique. — L'ébullition prolongée avec l'eau transforme l'ac. métagummique en ac. gummique. — Les gommes sont précip. par Fe²Cl⁶. — L'AO³H oxyde les gommes et donne ac. : *mucique* et *oxalique*. — Les acides étendus à chaud (SO⁴H²) dédoublent les gommes ou l'ac. gummique en une matière sucrée incrist., et en *arabinose* C⁵H¹⁰O⁵ cristallisable, dextrogyre et non fermentescible.

L'*arabinose* donne par oxydation ménagée l'ac. *arabonique* C⁵H¹⁰O⁶ (monob.) et l'ac. *trioxyglutarique* C⁵H⁸O⁷ (bibas.); par hydrogénation l'*arabite* C⁵H⁷(OH)⁵ (pentalcool).

MATIÈRES PECTIQUES : Les fruits verts renferment de la *pectose* subst. neutre; ins. dans l'eau et l'alcool. Transformable en *pectine* mat. gommeuse soluble dans l'eau; ins. dans l'alcool (sous l'influence de la maturation ou de l'ébullition avec des ac. faibles). — Également transformable en acides *pectosique* et *pectique*, insolubles dans l'eau et l'alcool, (ac. gélatineux, gelées) par act. à froid des alcalis étendus ou de la *pectase* (ferment soluble). — L'*acide métapectique* isomère et non gélatineux, sol. dans l'eau et l'alcool, est obtenu par l'act. des alcalis bouillants et concentrés sur les ac. pectosique et pectique.

Gommes arabique et du Sénégal. — Entièrement solubles. — gummates de K et de Ca.

Gomme de Bassora. — Presque insoluble; gelée; un peu de gummates et beaucoup de métagummates (Bassorine).

Gomme nostras. — Presque entièrement formée de métagummates.

Gomme adragante. — Composition plus complexe. Une ébullition de 24 heures la transforme en pectine.

Produits renfermant C^6.

HEXYLIQUES.

Ces produits sont très complexes. — Les isomères possibles sont très nombreux; la constitution inconnue pour un certain nombre.

Les corps principaux de cette série sont :

Carbures : *Hexanes* C^6H^{14}. — Il y en a 5 connus. — L'hexane normal (pétrole), liq. bou^t à 69°.

Hexylènes C^6H^{12} : On en connaît 6. — Ils sont liq. et bouillent de 65° à 75°.

Hexines C^6H^{10} : Liquides, plusieurs connus.

Alcools : *a — Alcool hexylique normal primaire* $C^6H^{13}OH$: liq. bou^t à 157°. — Il existe dans les semences d'*Heracleum giganteum* à l'état d'éther acétique et butyrique.

b — Un isomère (primaire) se trouve dans l'huile de camomille romaine à l'état d'éthers angélique et tiglique.

c — Il existe encore des *alcools secondaires* et *tertiaires*.

Glycols : a—Glycol hexylique normal, bou^t à 207°, deux fois primaire.

b — Isomère. — 2 fois secondaire.

c — Pinacone (2 fois tertiaire) se prépare par l'action du Na sur l'acétone aqueuse ou de l'amalgame de Na sur sol. étendue d'acétone.

Polyalcools : Ces alcools avec leurs dérivés les plus immédiats constituent la majeure partie des matières sucrées (Hydrates de carbone).

Ils se rattachent tous à l'une des formules suivantes :

1° $C^6H^{12}O^5$: Quercite; pinite.

2° $C^6H^{14}O^6$: Mannite; sorbite; dulcite et isodulcite.

3° $C^6H^{12}O^6$: Glycoses : glucose; lévulose; galactose.

4° $(C^6H^{12}O^6)^2-H^2O = C^{12}H^{22}O^{11}$: Saccharides : saccharose; lactose; maltose; mélitose; tréhalose.

Quercite $C^6H^{12}O^5$: Elle existe dans les glands doux du chêne. — Corps cristallisé.

Pinite $C^6H^{12}O^5$: Extraite par Berthelot du *Pinus lambertiana*.

Ce sont des pentalcools. — Ils donnent des éthers.

Mannite $C^6H^{14}O^6 = C^6H^8(OH)^6$: Existe dans la manne (*Fraxinus ornus*). — Corps crist.; aiguilles fines; légèrem^t lévogyre; fond à 166°. — Elle se sublime à 200° en donnant de la *mannitane* ($C^6H^{12}O^5$).

EXTRACTION : 1° Dissoudre la manne dans de l'eau chaude avec un blanc d'œuf, filtrer, décolorer par le noir animal, laisser cristalliser, exprimer les cristaux, puis les purifier par une 2ᵐᵉ cristallⁿ. — 2° Traiter la manne par l'alcool qui ne dissout que la mannite.

PROPRIÉTÉS CHIMIQUES : L'oxygène (noir de platine) transforme la mannite en *aldéhyde mannitique* ou *mannitose* $C^6H^{12}O^6$ (isomère du glycose) et acide *mannitique* $C^6H^{12}O^7$ (monobasique). L'AO^3H donne : de l'ac. *saccharique* (bibasique) $C^6H^{10}O^8$, puis ac. oxalique. — La mannite ne réduit pas la liqueur cupro-potassique même après ébullitⁿ avec les acides. — Elle s'unit aux bases; à l'oxyde de Pb. — Elle est précipitée par le sous-acétate de plomb.

La SORBITE : Extraite des fruits du *Sorbus ancuparia*.

La DULCITE : Existe dans la manne de Madagascar (diffère principalᵗ de la manne ord. en ce qu'elle donne par AO^3H de l'ac. *mucique*).

PROPRIÉTÉS COMMUNES : Tous ces corps sont des alcools hexatomiques et donnent des éthers.

GLYCOSES : GLUCOSE OU DEXTROSE $C^6H^{12}O^6, H^2O$ (sucre de raisin, de fruits, d'amidon, de diabète). — Existe dans le miel, les fruits sucrés, le sang, le chyle, la lymphe, le blanc d'œuf, l'urine normale. — Corps solide en aiguilles blanches groupées en mammelons opaques. — D = 1,55; sol. dans l'eau; sav. sucrée 2,5 fois moins que saccharose. — Dextrogyre $(\alpha)_d = + 102°$, au bout de qq. temps en solut. ou après ébullition $(\alpha)_d = 57°6$.

On l'obtient : par dédoublement de la saccharose ou par hydratation des substances amylacées et analogues. — Par le dédoublement des glucosides (amygdaline, salicine, myronate de K, etc.).

PRÉPARATION : Extraction de l'urine diabétique : Évaporation au 1/10, traitement par l'alcool et abandon au repos; le glycose cristallise. — Fécules chauffées avec de l'eau acidulée par SO^4H^2, neutralisation par CO^3Ca — concentration à 40-41° B⁶. — Se prend par refroidissement en masse dure blanc-jaunâtre. — Le sirop de glucose un peu moins concentré reste à l'état de sirop très épais.

PROPRIÉTÉS CHIMIQUES : Fond par chaleur; vers 180°, il perd H^2O et donne $C^6H^{10}O^5$ (glucosane), substance incolore et dextrogyre qui donne avec l'eau bouillante du glucose. — Chauffé à une température plus élevée, il se transforme en produits *caraméliques* bruns et noirs. — L'AO^3H le transforme en ac. $C^6H^{10}O^8$, puis en *ac. oxalique*. — L'H naissant donne : *mannite* $C^6H^{14}O^6$. — Le chlore ou le brome en présence de H^2O donne *ac. gluconique* $C^6H^{12}O^7$. — Les bases solubles se combinent au glycose : si on chauffe, il y a destruction et formation de produits bruns.

Corps réducteur : réduit sels d'or, d'Ag, de Hg, de Bi et de Cu; ces propriétés sont utilisées pour le reconnaître et le doser. — Action des ferments : fermentations : alcoolique, lactique, butyrique, *visqueuse* (mannite, gomme).

Recherche et dosage : Polarimètre; liq. de Fehling; act. des alcalis, etc., etc.

LÉVULOSE $C^6H^{12}O^6$: Existe à côté de la dextrose dans les fruits acides sucrés, le sucre interverti, le miel. — Lévogyre $(\alpha)_d = -106°$.

On l'obtient par l'ébullition prolongée de l'*inuline* avec eau acidulée par SO^4H^2. — Le sirop épais repris par alcool anhydre tiède abandonne par refroidissement la lévulose cristallisée.

Propriétés : A peu près les mêmes que dextrose.

Mannitose ou *sucre inactif* (aldéhyde de la mannite) : corps réducteur fermentescible.

ÉTHERS DES GLUCOSES OU GLUCOSIDES : Pr. naturels et artificiels. — Composés qui, sous certaines influences : agents hydratants; fermentations spéciales (émulsine, ptyaline, myrosine, etc.), se dédoublent en plusieurs composés plus simples, au nombre desquels se trouve le glucose. — Corps plus ou moins solubles dans l'eau et l'alcool. — Souvent cristallisables.

Voici les principaux glucosides par ordre alphabétique :

Amygdaline $C^{20}H^{27}O^{11}A$ (amandes amères et des fruits à noyau, laurier-cerise) : donne 2 mol. de glucose + 1 mol. d'ald. benzoïque + 1 mol. d'ac. cyanhydrique. (Voir CAH.)

Arbutine $C^{12}H^{16}O^7$ (*Uva ursi*) : donne glucose et hydroquinone.

Carminique (acide) (principe colorant de la cochenille) : masse pourpre amorphe; combinaisons avec alcalis solubles et colorées. Donne : glucose et rouge carmin soluble. — Laques carminées, carmins, teinture de cochenille.

Coniférine $C^{16}H^{22}O^{16}$ (laricine ou abiétine) (sève des conifères). Donne : glucose et al. coniférylique. (Voir Vanilline.)

Convolvuline $C^{34}H^{56}O^{16}$ *(Convolvulus)*. Donne : 3 mol. de glucose et du convolvulinol $C^{13}H^{24}O^6$.

Convallarine $C^{34}H^{62}O^{11}$ (muguet). Donne : glucose et de la convallarétine $C^{14}H^{26}O^3$. — (Applications thérapeutiques.)

Digitaline $(C^5H^{10}O^3)^n$ (digitale). Amorphe (sol.) et cristallisée peu sol. — Act. sur le cœur et la circulation.

Esculine $C^{15}H^{10}O^9$ (marronnier d'Inde, gelsémium). Donne du glucose et de l'esculétine $C^9H^6O^4$. — Sol. fluorescente.

Glycyrrhisine $C^{24}H^{36}O^9$ (réglisse). Saveur très sucrée; donne : glucose et glycyrrhétine $C^{18}H^{26}O^4$.

Jalapine ou *scammonine* $C^{34}H^{56}O^{16}$ (jalap, scammonée). Donne : glucose et jalapinol $C^{16}H^{30}O^3$.

Myronique (acide) $C^{10}H^{19}O^{10}AS$ (moutarde noire, raifort, à l'état de myronate de K). Donne, sous l'influence de la *myrosine* : glucose, isosulfocyanate d'allyle et sulfate acide de K.

Phlorizyne $C^{21}H^{24}O^{10}$ (écorce de racines de pommiers, etc). Donne : glucose et phlorétine ou phloroglucine phlorétique.

Populine $C^{20}H^{22}O^{16}$ (peupliers, trembles). Donne : du glucose, de l'ac. benzoïque et de la salicine.

Rubianique (acide) (garance). Donne : glucose, alizarine et ses isomères.

Salicine $C^{13}H^{18}O^7$ (saules, peupliers, trembles). Donne : glucose et saligénine.

Solanine $C^{43}H^{71}O^{16}A$ (*Solanum* ; jeunes pousses de pommes de terre); substance alcaline, vénéneuse; ne dilate pas la pupille; elle donne: glucose et solanidine (base organique).

Saponine $C^{32}H^{54}O^{18}$ (saponaire). Communique à l'eau la propriété de mousser; donne: glucose et sapogénine.

SACCHARIDES : SACCHAROSE $C^{12}H^{22}O^{11}$ (sucre de canne ou de betterave). — Elle existe dans la canne à sucre et la betterave, le sorgho, le bouleau, les carottes, les navets, les melons, les bananiers, le dattier, le coco, le nectaire des fleurs.

EXTRACTION DE LA CANNE A SUCRE : Eau, 70; sucre, 20; ligneux, 10. — Vesou, défécation avec un peu de chaux — concentration, cristallisation — sucre, 1er, 2e et 3e jet — mélasse ou sucre incristallisable; rhum et tafia.

EXTRACTION DE LA BETTERAVE : Betterave à collet rose ou vert 12 à 18 0/0 de sucre.

1º Préparation des jus sucrés par : expression, lavage et diffusion.

2º Précipitation des jus sucrés ou défécation : opération au moyen de laquelle on précipite par la chaux les mat. albuminoïdes et azotées, en même temps qu'on sature les ac. libres.

3º Élimination de CaO en excès, dissoute dans le jus déféqué par courant de CO^2.

4º Filtration du jus déféqué et carbonaté sur noir animal en grains.

5º Concentration dans vide; appareil à triple effet et autres.

6º Filtration et décoloration par noir animal du sirop à 25° Bé.

7º Cuite et cristallisat. de sirops décolorés, sucre 1er, 2e et 3e jet, etc.

RAFFINAGE. — On dissout le sucre brut dans le 1/3 de son poids d'eau, on ajoute noir animal, puis sang de bœuf et on porte à l'ébullition. On filtre sur noir animal, on concentre dans le vide et on coule dans des bacs où on l'agite, puis dans des formes où il se solidifie. — On déplace les eaux-mères par une solut. de sucre pur ou par le vide.

Sucre candi: Sirop à 40° Bé bout, abandonne des cristaux prism. rhomboïd. de saccharose. — D = 1,6; anhydre; dur; lueur quand on le casse dans l'obscurité.

PROPRIÉTÉS : Très sol. dans l'eau (dans le 1/3 de son poids à 15°, le 1/4 à 80°, le 1/5 à 100°. — Sirop de sucre : Sucre, 1000 p.; eau, 525 p.). — D = 1,54 à 15°. — Insoluble dans l'éther et dans l'alcool concentré. — Les solutions sont dextrogyres $(\alpha)_d = + 66°55$.

La saccharose n'est pas directement fermentescible. — L'*invertine* la dédouble en dextrose et lévulose. — Act. de l'eau : moisissures.

Action de la chaleur. — Le sucre fond à 160°, il se transforme en *glycose* ($C^6H^{12}O^6$) et *lévulosane* $C^6H^{10}O^5$. — La *lévulosane* n'est pas fermentescible et peut s'isoler. — Au-dessus de 160°, le sucre perd de l'eau et donne des produits caraméliques (*caramélane* $C^{12}H^{18}O^9$, *caramélène* $C^{36}H^{50}O^{25}$), puis il se décompose en donnant CH^4; CO; CO^2, ac. acétique, acétone, hydrocarbures divers, plénols, enfin un charbon poreux très difficilement combustible.

Action des acides : 1° Étendus : Interversion — 2° Concentrés : variables, éthers, etc., etc. — *Action des bases :* Sucrates : chaux, baryte, strontiane, magnésie ; décomposés par CO^2.

RECHERCHE ET DOSAGE. — Ferment^{on} — polarimètre — inversion et dosage au Fehling.

LACTOSE $C^{12}H^{22}O^{11}, H^2O$ (sucre de lait, lactine). — Corps blanc, dur, cristaux prism. rhomboïd.; solub. dans 6 p. d'eau froide, 2 p. d'eau bouillante; saveur peu sucrée. $(\alpha)_d = 49°3$.

PRÉPARATION : Évapor. du petit lait décoloré au noir animal. — Cristallis. autour de fils ou de baguettes de bois.

PROPRIÉTÉS : Elle s'intervertit comme la saccharose en donnant *glycose* et *galactose* (dextrogyre), qui en s'hydratant donne la *dulcite;* en s'oxydant par AO^3H, elle donne *ac. mucique.* — Peut fermenter alcooliquement ou lactiquement. Elle brunit par les alcalis et réduit liq. de Fehling 0 gr. 05 glycose réduisent comme 0 gr. 068 de lactose anhydre ou 0 gr. 0716 de lactose hydratée.

USAGES : En *médecine :* diurétique; aliment de la première enfance. — En *pharmacie.*

MALTOSE $C^{12}H^{22}O^{11}, H^2O$. — C'est le produit de l'act. de la diastase sur l'amidon. — Diffère du glucose par son pouvoir rotatoire molécul., qui est triple.

En s'hydratant, l'amidon donne $(C^{12}H^{20}O^{10})_n + 2H^2O = C^{12}H^{22}O^{11}, H^2O + (n-1) C^{12}H^{20}O^{10}$. — Peut cristalliser; solub. dans l'eau. — Polar. $(\alpha)_d = +139°$. — Corps réduct. fermentescible. — Les acides le transforment en *glucose* (2 mol.).

Avant interversion, 100 p. de maltose réduisent comme 60 de glucose.

Après interversion, 100 p. de maltose réduisent comme 105 p. de glucose.

PRÉPARATION : On délaie de l'empois dans l'eau, on ajoute une macération de malt; on filtre au bout d'une heure et on évapore. — On précipite la dextrine par alcool. — On filtre, on évapore alcool; le résidu est purifié dans l'alcool à 90°.

Acides en C^6.

ACIDE CAPROÏQUE $C^6H^{12}O^2$. Liq. oléagin, od. désagréable; bou^t à 205°. — Il se forme en même temps que l'ac. butyrique dans la fermentation du sucre. Se trouve dans : beurre, huile de coco, fruits de Gingko biloba, beurre de chèvre. Odeur de bouc.

ACIDE ADIPIQUE $C^6H^{10}O^4$, bibasique obtenu par l'action de l'AO^3H sur les corps gras.

ACIDES PROVENANT de l'OXYDATION des HYDRATES de CARBONE

Acide gluconique $C^6H^{12}O^7$. — Act. du chlore ou du brome et H^2O sur glucose. (Acide monobasique.)

Acide dextronique. — Isomérique.

Acide lactonique $C^6H^{10}O^6$. — Act. du Cl et du Br aidée par la chaleur, sur galactose.

Acide saccharique $C^6H^{10}O^8$. — Se produit dans l'oxydation par AO^3H de glucose, lévulose, saccharose; il est déliquescent, très soluble dans l'eau, l'alcool et l'éther.

Acide mucique $C^6H^{10}O^8$. — Se produit par act. de AO^3H sur lactose, galactose, gommes. Cristallin, peu soluble dans l'eau froide; insol. dans l'alcool. — Donne par distillation sèche l'ac. *pyromucique* $C^5H^4O^3$; dont l'aldéhyde *(ald. pyromucique)* est connue sous le nom de *Furfurol*.

ACIDE CITRIQUE $C^6H^8O^7$ ($^3/_2$ H^2O). Acide tribasique et monalcool tertiaire. — Existe dans les fruits acides : citrons, oranges, groseilles, etc. — Obtenu synthétiquement : Dichlorhydrine symétrique, — dichloracétone, — transformation en cyanure et hydratation.

PRÉPARATION : Jus de citron, clarification par fermentation, citrate de chaux, insol. à 100° : Se redissout par refroidissement; longue ébullition pour l'insolubiliser même à froid; lavage et décomposition par SO^4H^2.

Gros prismes orthoromb. très sol. dans eau. Il fond dans son eau de cristallⁿ; à 175° il perd de l'eau de constitution et donne l'ac. *aconitique* $C^6H^6O^6$ (aconit, prêles). Une chaleur plus élevée donne CO^2 et les ac. *itaconique* et *citraconique* bibasiques.

Le *citrate de magnésie*, sel purgatif, est un citrate bimétallique. — *Citrate de fer — de fer ammoniacal*, etc.

Appendice.
Matières amylacées et cellulosiques.

AMIDONS $(C^6H^{10}O^5)^n$. — Retirés des farines de froment, etc.; de la pomme de terre, etc. — Procédés mécaniques. — Fermentation (gluten).

PROPRIÉTÉS : Corps blancs; organisés; couches superposées (hile). — Ins. dans l'eau, l'alcool et l'éther. — Act. de l'eau bouillante : empois. — Glycéré d'amidon. — Act. de la diastase ou des ac. étendus à chaud : produisant d'abord *amidon soluble* fortement dextrogyre, puis *dextrines* et *dextrose*.

L'*amidon insol.*, l'*empois*, l'*am. soluble* donnent avec I une coloration *bleue* intense *(iodure d'amidon)*; incol. à chaud.

DIAGNOSE DES DIFFÉRENTS AMIDONS : Examen microscopique; microscope polarisant; emploi des réactifs; dosage de l'amidon après saccharification.

Usages : Divers.

Remarques hygiénologiques sur la fabrication des amidons et les amidonneries.

DEXTRINES $(C^{12}H^{20}O^{10})^n$ (léiocome, gomme artificielle). — Corps amorphes, blancs ou blanc-jaunâtres. — Sol. dans l'eau ; insol. dans l'alcool ; fortement dextrogyres (3 f. plus que glucose). — Non directement fermentescibles. — Corps non réducteur, mais transformable en glucose par act. de diastase ou des ac. étendus bouillants. — Au contact de la muqueuse stomacale, ils donnent un mélange d'ac. *lactique* et *paralactique*.

Préparation industrielle : Chauffage pendant une heure à 120° d'une pâte formée de 100 p. de fécule, 300 p. d'eau et 2 p. d'AO^3H.

Produit complexe, imparfaitement sol. dans l'eau. — Pour l'obtenir pur, on le dissout plusieurs fois dans l'eau et on le précipite par l'alcool (procédé général de purification de certains corps). — La dextrine ne bleuit pas par l'I comme l'amidon. — Elle n'est pas précipitée par Fe^2Cl^6 (diff. avec gommes). — On a décrit : une *érythrodextrine* et des *achroodextrines* α.β.γ.

Usages : En chirurgie, appareils inamovibles. — Falsification de la gomme en poudre et des sirops. — Succédané de la gomme dans l'industrie.

INULINES. — Amidons spéciaux qui se trouvent dans certaines plantes (aunée). — Non colorables par l'I. — Sol. dans l'eau à 100° ; lévogyres. — Donnent par ébullition prolongée de la *lévulose*.

CELLULOSE $(C^6H^{10}O^5)^n$. — Principe constituant la charpente des cellules végétales. — Corps solide ; blanc ; translucide ; $D = 1,45$; insol. dans tous les dissolvants, excepté le réactif de *Schweizer* (sol. amm. de CuO). — Se trouve pure dans les vieux chiffons, le papier à cigarettes, etc. — *Act. de chaleur* (250°-500°) décomposition et production de : gaz, eau, ac. acétique et divers produits empyreumatiques, puis charbon. — *Act. de H naissant* (HI à 180°) donne : hydroc. $C^{12}H^{26}$. — *Act. des oxydants* (AO^3H) donne : ac. oxalique. — *Act. de KOH* à 160° donne : ac. oxalique. — *Act. prolongée des acides* : dextrine spéciale soluble, puis glucoses fermentescibles (sucre de chiffons).

BOIS, LIGNEUX. — Constitution plus complexe que cellulose (ins. dans réactif Schweizer). — Matières incrustantes. — Cendres. — Altération des bois : pourriture ; effet des insectes. — Bois pour la marine. — Conservation des bois : injections avec SO^4Cu ou créosote, etc.

FIBRES TEXTILES. — Lin, chanvre, etc.

Industrie du papier. — 1° *Préparation de la pâte : Vieux chiffons* ; pourrissage, défilochage, décoloration (hypochlorite, procédé à l'électricité). — *Pailles, alfa et similaires* : broyage, macération dans lait de chaux, mise en pâte avec ou sans décoloration. — *Bois* : pâte râpée (pour charge) : pâte chimique; procédé à la vapeur sous pression, proc. avec lessives caustiques sous pression, proc. aux bisulfites alcalins.

2º *Préparation du papier* : division de la pâte mélangée avec encollage (savon alumineux de résine). — Charge ou non — mise en feuille (papier à la main ou à la machine).

PAPIER PARCHEMIN : Obtenu en immergeant du papier non collé dans acide sulfurique étendu de son vol. d'eau et refroidi.
USAGES : Dialyse.

FULMICOTON : Mélanges d'éthers azotiques de la cellulose
$C^{12}H^{17}O^7(AO^3)^3$; $C^{12}H^{16}O^6(AO^2)^4$; $C^{12}H^{15}O^5(AO^2)^5$.

COTON-POUDRE OU PYROXYLE : Celluloses penta et hexanitrique. — On plonge 10 minutes du coton ordin. dans un mél. de 1 vol. d'AO^3H fum^t et 3 vol. de SO^4H^2. — Lavage et séchage à 25-30°. — Corps explosif à 120° ou par le choc. — Insol. dans tous les dissolvants excepté SO^4H^2 concentré.

COLLODION : Dissol. éthéro-alcoolique (éther 3 p., alc. 1 p.) de celluloses tri et tétranitrique obtenues en plongeant pend^t plusieurs heures du coton ordinaire dans un mél. de AO^3H fum^t 1 p. et de SO^4H^2 2 p. Lavage et séchage.

USAGES : *Médicaux*. — Pansement des plaies; collodion riciné ou non riciné — papier collodion. — En photographie.

CELLULOÏD : Mél. de fulmicoton et de camphre, diversem^t coloré — combustible. — Sert à imiter l'écaille, la nacre, le corail, etc.

REMARQUES HYGIÉNOLOGIQUES sur les produits cellulosiques et sur leur fabrication.

Produits renfermant plus de C^6.

C^7 — PRODUITS HEPTYLIQUES OU ÆNANTHYLIQUES (bouquets des vins. — Éthers œnanthyliques).

HYDROCARBURES : *Heptanes* (4)C^7H^{16} tous liquides. *Heptylènes* ou *œnanthylènes* C^7H^{14} liquides. *Heptylidènes* ou *œnanthylidènes* C^7H^{10} liquides.

ALCOOLS (mono). — *Heptyliques* ou *œnanthyliques* $C^7H^{15}OH$: 2 prim.; 5 second.; 6 tertiaires. — Produits par l'hydrogénation de l'œnanthol. — Se rencontrent dans les prod. de distill^{on} des vinasses.

RADICAL ÆNANTHYLE OU HEPTYLE $(C^7H^{15})'$.

ALDÉHYDE ÆNANTHYLIQUE OU ÆNANTHOL $C^7H^{14}O$: liq. bou^t à +158°; obtenu par distillat. directe de l'huile de ricin. — Polimérisation facile.

ACIDES HEPTYLIQUES OU ÆNANTHYLIQUES $C^7H^{14}O^2$ (monob.). — L'ac. normal est liq., huileux, incol., bou^t vers 200°. — Se rencontre dans les alcools d'industrie bruts. — Obtenu par act. de AO^3H sur l'huile de ricin et beaucoup de corps gras.

C^8 — PRODUITS OCTYLIQUES OU CAPRYLIQUES : Capryle $(C^8H^{15}O)'$ ou octyle $(C^8H^{17})'$ (Beurre de chèvre).

HYDROCARBURES: *Octanes* C^8H^{18} liquides, *Octylènes* C^8H^{16} liquides, *Caprylidènes* C^8H^{14}.

ALCOOLS: *Al. caprylique normal primaire* $C^8H^{17}(OH)$ (Ess. de *Heracleum spondylium*) (Éther caprylacétique).

Alcool isocaprylique (secondaire) (Bouïs), liq. bou^t à 180°. — Obtenu par la distillat. de l'huile de ricin avec alcalis : ac. ricinolique (C^{18}) = Al. isocaprylique (C^8) + acide sébacique (C^{10}). — Dissolvant des copals.

ACIDES: *Ac. octylique* ou *caprylique* $C^8H^{16}O^2$. Monob. — Se trouve dans le beurre de vache, de chèvre, de coco, à l'état de glycérides et d'où on l'extrait par saponification, en même temps que les ac. *butyrique, caproïque* et *rutique*. — Fond à 15°; bout à 240°; presque insoluble dans l'eau.

Éther éthylcaprylique : Mélange de : 1 p. d'acide caprylique, 1 p. d'alcool et 0,5 p. de SO^4H^2. — Au bout de qq. jours l'éther se sépare (Essence artificielle d'ananas).

Acide subérique $C^8H^{14}O^4$ (bibasique). — Fond à +140°; se forme par oxydat. du liège et des corps gras par AO^3H.

C^9 — NONANIQUES OU PÉLARGONIQUES: Nonyle $(C^9H^{19})'$ pélargyle $(C^9H^{17}O)'$.

HYDROCARBURES: *Nonanes* C^9H^{20}, *Nonylènes* C^9H^{18}, *Campholène* C^9H^{16}.

ALCOOLS: Sans importance pratique.

ACIDES: *Ac. pélargonique* $C^9H^{18}O^2$ (fleurs et feuilles de pélargonium). Fond à +12°,5; bou^t à +254°. — S'obtient par oxydat. de l'ac. oléique ou de l'essence de rue C^9H^{19}-CO-CH^3 ou méthylnonylcétone par AO^3H.

Éther éthylpélargonique: Entre dans la constitution de la sève de Médoc artificielle.

Ac. azélaïque ordinaire $(C^9H^{16}O^4)$ bibas. — Se forme dans oxydation de la cire de Chine ou de l'huile de coco par AO^3H.

C^{10} — PRODUITS DÉCYLIQUES OU CAPRIQUES.

HYDROCARBURES: *Décanes* $C^{10}H^{22}$ — *Décylènes* $C^{10}H^{20}$ — et $C^{10}H^{18}$.

ALCOOLS: *Al. caprique* $C^{10}H^{21}(OH)$ complet non important.

Menthol $(C^{10}H^{19}[OH])$ — incomplet (Essence de menthe concrète) : Camphre de menthe; vient du Japon. Solide; blanc; fond à +35°; bout à +213; od. de menthe poivrée; légère^t caustique; presq. insol. dans eau; très sol. dans les alcools méthylique et éthylique, dans l'éther.

USAGES: Crayons antimigraine.

ACIDES: *Acide caprique* $C^{10}H^{20}O^2$ (monob.): Beurres, huile de pomme de terre et eaux-de-vie communes, éther amylcaprique. — Sol. fond à +30°; bout à 270°. — S'obtient dans distill^{on} sèche de ac. oléique ou par voie d'oxydation par AO^3H.

Ac. sébacique ou *pyroléique* $C^{10}H^{18}O^4$ (bibas.), solide, blanc; fond +127°; se produit dans la distillat. de l'ac. oléique et dans la décomp. de l'huile de ricin par les alcalis.

C^{12} — PRODUITS DUODÉCYLIQUES OU LAURIQUES (Laurier).

Alcool C^{12}H^{25}(OH) ou Léthal : dans le blanc de baleine.

Acide laurique C^{12}H^{24}O^2 (ac. laurostéarique); huile de laurier, de coco.

C^{14} — PRODUITS TÉTRADÉCYLIQUES ou MYRISTIQUES (muscades) :

Alcool myristique C^{14}H^{29}(OH) ou Méthal (blanc de baleine).

Acide myristique C^{14}H^{28}O^2 (monob.) ; beurres de : muscades, coco, vache (myristine), blanc de baleine. Fond à + 54°.

C^{16} — PRODUITS HEXADÉCYLIQUES, ÉTHALIQUES OU PALMITIQUES : Alcool éthalique ou cétilique C^{16}H^{33}(OH) ou Éthal. — Solide ; blanc ; fond à + 15° ; bout à + 344° ; insol. dans l'eau ; solub. dans l'alcool. — Retiré par saponific. du blanc de baleine. (Éther éthalpalmitique.)

Acide palmitique C^{16}H^{32}O^2 (monob.). — (Huile de palme.) Sol. ; fond à + 62° ; constitutif de la majeure partie des corps gras. (Éther glycérylpalmitique.)

Acide margarique C^{16}H^{32}O^2 : C'est le même corps que l'acide palmitique.

C^{18} — PRODUITS STÉARIQUES (corps complets) ou OLÉIQUES (corps incomplets) : Alcool stéthylique C^{18}H^{37}(OH) ou Stéthal (blanc de baleine).

Acide stéarique C^{18}H^{36}O^2 : Domine dans les suifs. (Stéarine ou éther glycérylstéarique.) Blanc ; cristallin ; fond à + 70° ; bou^t en se décomposant + 360° ; distill. dans le vide ou dans vapeur d'eau surchauffée ; insol. dans l'eau ; sol. dans l'alcool bouillant. — Stéarine de saponification.

Acide oléique (C^{18}H^{34}O^2) : domine dans les huiles (oléine). Liq. ; solidif. au-dessous de 0°, et fondant à + 14° ; oxydable à l'air. — Les vapeurs nitreuses le transforment en acide élaïdique : Isomérique, solide ; fond à + 44°. Chandelles nitrées. — Onguent citrin.

C^{20} — PRODUITS ARACHIQUES (arachide) : Acide arachique (C^{20}H^{40}O^2). Se trouve dans l'huile d'arachide. — L'arachidate de K est insoluble dans l'alcool.

C^{27} — PRODUITS CÉROTIQUES (cires) : Alcool cérylique C^{27}H^{55}(OH). Hydrate de céryle — cire de Chine — composée d'éther cérylcérotique — corps blanc cireux fond à + 79°.

Acide cérotique C^{27}H^{54}O^2. Libre dans cire d'abeille (cérine). — Combinée : (éthers) cire de Chine. — Solide crist. ; fond à + 78° ; insol. dans l'eau ; sol. dans l'alcool bouillant.

C^{30} — PRODUITS MYRICIQUES OU MÉLISSIQUES (cire) : Alcool myricique ou mélissique C^{30}H^{61}(OH) : Combiné (éther myricylpalmitique ou myricine) dans cire d'abeilles. — Corps blanc ; solide ; nacré ; fond à + 85°.

Acide mélissique C^{30}H^{60}O^2. Solide ; fond à + 89° ; obtenu par oxydation de l'alcool myricique.

Appendice.

CORPS GRAS : Corps spéciaux composés de C, O, H, existant naturellement dans les organes animaux ou végétaux. — Mélange d'éthers de la glycérine ou glycérides (stéarine, palmitine, oléine, etc., etc.).

CARACTÈRES GÉNÉRAUX : Liq. ou sol. fusibles à température peu élevée; blancs ou jaunes; insol. dans l'eau; pas ou peu sol. dans l'alcool; sol. dans l'éther, le chloroforme, les essences, les benzines et les hydrocarb. liquides; tachent le papier; non volatils; décomposables par chaleur en produits divers et acroléine.

PROPRIÉTÉS CHIMIQUES : Act. de l'air; ils rancissent; formation d'ac. gras volatils.

DIVISION DES CORPS GRAS : *Huiles, beurres et graisses, suifs* (selon la consistance).

1º HUILES VÉGÉTALES : Semences de plantes et fruits. — Liq. à température ordinaire; plus légères que l'eau; se solidifiant plus ou moins facilement par le froid. — Insol. dans l'eau; insol. dans l'alcool (excepté les huiles de ricin et de croton). — Sol. dans l'éther, le chloroforme, les hydrocarb. liquides, les essences, le sulfure de carbone. — Colorat. jaune ou jaune verdâtre.

HUILES SICCATIVES : Qui sèchent à l'air : œillette, lin, chenevis, noix.

HUILES NON SICCATIVES : Olive, amandes, noisettes, arachides, etc.

DOSAGE DE L'HUILE DANS UNE GRAINE : Emploi du sulfure de carbone ou du chloroforme.

HUILES ANIMALES : Huile de foie morue, h. de baleine, h. de dauphin, h. de suif ou oléine brute, h. de pieds de bœuf.

EXTRACTION DES HUILES : Par : 1º Expression à froid (ricin). — 2º Express. à chaud. — 3º Ébullition avec eau. — 3º Emploi des dissolvants (sulfure de carbone). — *Huileries* (établissements insalubres, 3ᵉ classe).

ÉPURATION DES HUILES : Filtration pour les huiles alimentaires. — Acide sulfurique, puis lavage à l'eau pour les autres. — Ateliers insalubres, 3ᵉ classe.

DIAGNOSE DES HUILES : Densité à 15º, oléomètre Lefebvre. — Degré d'échauffement par mélange de 20 p. d'huile et 20 p. d'ac. sulfurique du commerce (échauff^t). — Durée de solidificat. après mélange de 10 gr. d'huile + 4 gr. d'AO^{3}H + 1 gr. Hg (solid. Hg). — Point de congélation (congél.). — Point de solidificat. des acides gras extraits (solid. ac. gr.). — Coloration avec ac. azotique fumant (AO^{3}H fum^t). — Réactions spéciales. — Aréomètres thermiques de Pinchon. — Oléoréfractomètre Amagat et Jean. — Mesure de l'acidité des huiles (alcool, phénolphtaléine et NaOH décime).

ÉTUDE DES PRINCIPALES HUILES : 1° VÉGÉTALES.

Huile d'olive : Extraite du péricarpe du fruit de l'*Olea europea* : h. vierge; h. comestible (2° pression); h. inférieures (lampantes, tournantes). — *Caractères :* qqf. jaune-verdâtre; od. et sav. spéciales; D = 0,9165; échauff^t 39°5; solid. Hg en une heure; congél. + 2°; solid. ac. gr. +17° à 20°; AO^{3}H fum^t, color. vert clair.

FALSIFICATIONS : H. d'œillette, arachides, sésame, coton, colza.

USAGES : Comestible; huiles médicinales.

Huile d'œillette : Extr. des gr. du pavot. — H. comestible et h. de fabrique. — *Caractères :* jaune d'or faible; D = 0,925; échauff^t + 74°; solid. Hg pas; congél. — 18°; sol. ac.gr. +17°; AO^{3}H fum^t, color. rosée.

FALSIFICATIONS : Huile de sésame.

USAGES : Comestible et divers.

Huile d'arachides : Extr. des graines de l'*Arachis hypogœa*. — *Caractères :* incol. ou légèrem^t ambrée; od. et saveur spéciales; D = 0,918; échauff^t 46°; solid. Hg en 1 h. 20′; congél. + 4°; solid. ac. gr. + 28°; AO^{3}H fum^t color. jaune verdâtre. — *Réaction spéciale :* KOH 1 gr. + alcool 10^{cc} + huile XV g^{ttes}. — Agiter et chauffer jusqu'à saponification complète; laisser refroidir : cristaux d'arachidate de K. — On peut reconnaître 5 0/0 de cette huile dans de l'huile d'olive.

USAGES : Comestible; sert à falsifier l'huile d'olive et les fromages.

Huile de sésame : Extr. du *Sesamum orientale*. — *Caractères :* Couleur jaune, saveur douce; D = 0,922; échauff^t 58°; solid. Hg en 3 heures; congél. — 5°; sol. ac. gr. + 22°; AOH^3 fum^t, color. rouge. — *Réact. spéciale :* Huile 4^{cc} + HCl renfermant un peu de sucre 2^{cc},3. Agiter et laisser reposer, HCl se colore en rose ou rouge (5 0/0 d'huile de sésame se retrouvent dans l'h. d'olive).

USAGES : Alimentation; savons; falsificat. d'h. d'olive.

Huile de coton : Extr. des gr. du *Gossipium usitatissimum*. — *Caractères :* Purifiée, elle est jaune; sans odeur; D = 0,9225; échauff. + 65°; solid. Hg en en 2 h. 30′; congélat. variable; solid. ac. gr. + 32°; AO^{3}H fum^t color. rouge. *Réact. spéciale :* — Huile 4^{cc} + Réactif argentique 1^{cc} + al. amylique 4^{cc} + h. colza pure 1^{cc}, — 30 minutes au BM à 100°. Colorat. brune.

(Réactif argentique : AO^{3}Ag 1 gr. + alcool à 93°; 200^{cc} + éther 40^{cc} + AO^{3}H : 0^{cc}20.)

USAGES : Éclairage; savons; falsification d'h. d'olive.

Huile de colza : Extr. des gr. du chou oléifère. — *Caractères :* épurée elle est jaune; D = 0,914; échauff^t 46°5; solid Hg en 4 heures; congélat. — 6°; solid. ac. gr. + 18°. — *Réac. spéciale aux huiles de crucifères :* Color. en noir capsule d'Ag. par ébullition.

USAGES : Éclairage; graissage; savons; purifiée, sert à falsifier l'h. d'olive.

Huile de lin : Extr. du *Linum usitatissimum*. — *Caractères :* coul.

jaune foncé ou brunâtre; très siccative; D = 0,925; échauff^t + 104°: solid. Hg. mousse rouge pâteuse; solid. ac. gras + 19°.

Usages : Peinture; fabric. savons; huile cuite (Litharge); vernis gras; encre d'imprimerie.

Huiles d'amandes : Extr. des amandes douces et amères (h. de noyaux). — *Caractères:* presque incolore; très fluide; saveur douce et agréable; D = 0,918; Échauff^t 49°; congél : — 25°; solid. ac. gras + 12°; AO^{3}H fum^t color. vert clair.

Falsification : Huile d'œillette et huile de sésame.

Usages médicaux : Liniments et mixtures laxatives.

Huile de ricin : Extr. du *Ricinus communis*. — *Caractères:* incol.; visqueuse; fade; sans odeur (compos. spéc. *éther glycérylricinolique*). — Donne par distillation de *l'aldéhyde œnanthylique*. — Par distillation avec KOH donne : *alcool caprylique* et ac. *sébacique*. — Sol. dans alcool; D = 0,964; échauff^t + 56°5; solid. Hg : pas.

Usages : Purgatif.

Huile de croton tiglium : Caractères : Coul. jaune foncé. Compos. spéciale et complexe; renferme des *éthers crotoniques, tigliques* et *crotonaliques*. — Sol. dans alcool; D = 0,942; solid. Hg : pas.

Usages : Vésicant, purgatif drastique (1 à 2 g^{ttes}).

2° HUILES ANIMALES : *Huile de foie de morue* (gadus). — *Caractères :* coul. : blanche, ambrée, brune ou noire. — Composition spéciale : *éther glycérylphysétoléique*. — Renferme : I, Br, S, P, cholestérine et alcaloïdes (ptomaïnes). — Sol. dans l'alcool; D = 0,927; échauff^t + 82°5; solid. Hg : pas. — *Réaction spéciale:* colorat. noire par Cl; par SO^{4}H^2, color. carmin, puis cachou.

Usages: *Médical :* reconstituant. — *Industriel :* graissage, corroierie.

Huile de poisson : Grande analogie avec l'h. de morue. — Fabric. insal. 1re classe.

Huile de baleine: Lard fondu de baleine, cachalots, phoques et dauphins. — *Éther glycérylvalérique* et *glycéry*^{l} *'œglique*. — Od. désagréable de poisson; consistance épaisse; D = 0,926; se concrète à 0°.

Usages: Savons, corroierie.

Huile de pied de bœuf: Retirée des pieds de bœufs, vaches et moutons par ébullit. de ces produits avec de l'eau (1° ou 2° classe d'établissements insalubres), suivant que les matières sont anciennes ou fraîches). — Coul. jaune à peine verdâtre; inod. et sans saveur; se concrète et rancit difficilement; D = 0,916; le chlore la blanchit.

Huile de suif ou oléine (ac. oléique brut) : Résidu d'extraction des ac. gras solides après saponificat. des suifs. — *Caractères:* coul. brune ou jaune rougeâtre; réact. acide; D = 0,900; échauff^t + 36°; solid. Hg en 3 h. (pâteuse); congél. — 6° à 7°.

Usages : Fabricat. savons.

BEURRES ET GRAISSES : Produits végétaux et animaux.

PRODUITS VÉGÉTAUX : Portent qqf. le nom d'huiles.

Beurre de muscades : (Myristica officinalis). — Od. forte aromatique; couleur rougeâtre; renferme des huiles essentielles et de l'éther *glycérylmyristique* ou *trimyristine;* D = 0,992; fond à 41°-51°; sol. ac. gr. + 40°.

USAGES MÉDICAUX : Stimulant; baume Nerval.

Beurre de cacao : (Theobroma cacao). — *Caractères :* blanc, od. spéciale; D = 0,950; fond à + 29°-30°; solid. ac. gr. + 51°; renferme en plus des constituants généraux de l'*arachine.*

FALSIFICATION : Suif et graisses animales; h. végétales.

USAGES MÉDICAUX : Suppositoires.

Huile de Palme : Ext. des noyaux de l'*Elœis guinensis.*—*Caractères:* sol. jaune orangé; odeur agréable (iris ou violette); D = 0,945; fond à 30° (variable); solid. ac. gr. 42°-44°; renferme 12 0/0 d'*ac. palmitique libre.* — *Réact. spéciale :* ZnCl² sirupeux colore en vert; SnCl⁴ fumant colore en bleu verdâtre.

USAGES : Savons, bougies.

Beurre ou huile de coco : Elœis butyrica. — *Caractères :* Solide; rougeâtre; aromatique. — Renferme des acides gras libres : *laurique, myristique, caprique, caprylique, caproïque, margarique et oléique;* point de fus. variable.

USAGES INDUSTRIELS : Savons.

Huile de laurier : Fruits du *Laurus nobilis.* — *Caractères :* consist. molle, grenue; verte; odeur spéciale. — Renferme : mat. col. verte sol. dans l'alcool, des h. essentielles, de la *laurostéarine,* des résines et du camphre de laurier.

USAGES MÉDICAUX : Liniments.

GRAISSES ANIMALES : *Graisse de porc ou axonge;* retirée par fusion avec l'eau, de la panne.—Échauff¹ variable de 26° à 30°. — Solid. ac. gr. + 38°; rancit à l'air.

FALSIF.: Eau, eau alcaline, graisse d'Amérique, sel, alun, huile de coton, suif pressé. — Dosage de l'eau; de l'alcali; des cendres; solid. des ac. gr., recherche de l'h. de coton.

USAGES *pharmaceutiques :* base des pommades; axonge benzoïnée. *Alimentation.*

Oléomargarine : Fusion au BM 50°-55°, des graisses de bœuf fraîches; cristall. dans étuves à 30° (24 heures); expression du magma cristallin dans presses chauffées. — L'oléomargarine s'écoule; il reste le suif pressé.

USAGES : Beurre artificiel; falsification du beurre.

Beurre de vache : obtenu par barattage de la crème de lait. Solide; blanc ou légèrement jaunâtre (coloré avec rocou). Composition de la subst. grasse : Oléine, stéarine et palmitine 92 0/0. — Butyrine 7 à 8 0/0; divers autres éthers gras à acides solides 0,2 0/0. — Le beurre marchand peut renfermer jusqu'à 18 0/0 d'eau. — Beurre salé.

— 56 —

Falsifications et essai : 1° Détermination de l'eau et des cendres. 2° Des substances insol. dans l'éther. 3° Analyse de la mat. grasse. — Dosage des ac. gras fixes et volatils (saponific^{on} par KOH alcoolique, décomposition du savon par SO^{4}H^2). Les ac. gras fixes sont recueillis, lavés, séchés et pesés; les acides gras volatils sont séparés par distillation et dosés acidimétriquement.

Procédés divers : Emploi de l'oléoréfractomètre.

Usages : pharmaceutiques et alimentaires.

SUIFS : Graisses extraites des herbivores, bœuf, mouton. Suif en branches, en rames. — Fonte des suifs : fonte aux cretons, à feu nu (ateliers insal. 1re classe). — Fonte à la vapeur, aux acides, à l'alcali (ateliers insal. 2me classe). — Suif de tripes, de boyaux, d'os.

Analyse des suifs : Déterminat. de l'eau, des impuretés, recherche du point de solid. des ac. gras (titre du suif) (41 à 48°). — Saponif. du suif, 25 p., à chaud 125°, par mél. de less. de soude 25 p. et alcool 12 p., décomposit. du savon après solidif., dissolution et longue ébullition avec eau 700 p., par SO^{4}H^2 étendu. Ébullition pour clarifier les ac. gras, puis séchage et déterminat. de leur point de solidif.

FABRICATION DES CHANDELLES : Refonte des suifs; moulage (ateliers insal. 3e classe).

FABRICAT. DES BOUGIES STÉARIQUES : Saponification des suifs par la chaux : 1° à l'air libre; — 2° en vase clos à une pression moyenne ou à une haute pression. — Pulvérisation des savons de chaux; décomposition par SO^{4}H^2 et mise en liberté des ac. gras (saponificat. sulfurique; sapon. mixte; chaux et acide sulfurique; sapon. par vapeur d'eau surchauffée [huile de palme]). — Moulage et cristall. des acides gras, pressage à froid (séparation d'ac. oléique); pressage à chaud; épuration : distillat. des ac. gras au moyen de la vap. d'eau surchauffée; blanchiment à l'air. — Fonte et moulage des bougies (mèches tressées imprégnées d'ac. borique).

SAVONS : Oléo-margaro-stéarate de potasse (mous) ou de soude (durs) ou d'ammoniaque.

Savons commerciaux : Sapon. des corps gras, huiles, graisses, suifs, par la lessive de soude; on fait bouillir en agitant (empâtage); insolubilisation du savon par add. de NaCl (relargage); séparation des liq. lixivielles renfermant la glycérine; cuite avec nouvelle lessive salée. — Coulage dans des *mises*; marbrures du savon (FeS^2). — Solubles dans l'eau et l'alcool; savons transparents; savons à la glycérine; savons d'acide oléique; savon noir de potasse (renferme excès d'alcali).

Savon amygdalen : Huile d'amandes et potasse.

Savon animal : Moelle de bœuf et soude.

Savon de plomb : Emplâtre simple; huile d'olive et axonge sapon. par litharge. — Les savons de plomb et autres métaux sont insolubles dans l'eau.

CIRES : Subst. sécrétées par différents animaux ou retirées de divers végétaux; renferment des éthers.

Cire d'abeilles : Forme les rayons des ruches; jaune; od. arom.; dure; insol. dans l'eau; sol. dans les corps gras, les huiles essentielles; D = 0,965 à 0,975; fond à 62°-63°; combustible sans résidu. — *Cire blanche :* composition : ac. cérotique (sol. dans l'alcool bouillant) et *myricine* ou *palmitate de myricyle* (presque insol. dans l'alcool). — *Myricine* non saponifiée par les alcalis dilués ou carbonatés, mais bien par solut. alcoolique de KOH.

FALSIFICATIONS : Subst. terreuses, résines, mat. grasses, ac. stéarique, cires végétales, paraffine et ozokérite.

ESSAI : Densité (cires végétales l'augmentent; paraffine et ozokérite la diminuent). — Ébull. avec CO^3Na^2 : cire pure ou addit. de paraffine ou ozokérine ne s'émulsionne pas; cire addit. de résine, suif, ac. stéarique ou cires végétales s'émulsionnent. — Dosage de l'acide cérotique en milieu alcoolique et acidimétriquement.

USAGES : Cérats, emplâtres, cierges.

Cire de Myrica : Même composition.

Blanc de baleine (spermaceti, cétine, adipocire) : Prod. du cachalot; doux au toucher; cassant; inod.; insipide; D = 0,960; fond à 43°-44°. — Insol. dans l'eau; solub. dans l'alcool bouillant. — Composition : cétine ou *éther céthylpalmitique;* ne contient pas d'ac. gras libres, mais renferme des *laurates, myricates, palmitates* et *stéarates* de : *éthal, méthal, céthal* et *stéthal*.

Cires végétales : Cire de Carnauba, de Chine, de pavots *(éther céryl-cérotique, ac. cérotique libre, alcool myricique)*.

Cire du Japon : Cire végét. ordin. : product. par des rhus. — Sol. dans 3 p. d'alcool anydre. — Saponifiable; D = 0,975 à 0,98; fond à +50°-52°. — Formée de *palmitine* et d'*ac. palmitique libre*.

USAGES : Succédanée de la cire d'abeilles; sert à sa falsification.

Revue des composés de la série grasse nouvellement utilisés ou expérimentés dont il n'a pas été parlé.

SULFONAL $(CH^3)^2=C=(C^2H^5S)^2$: Lames cristallines incolores inodores, insipide, très peu sol. dans l'eau froide; peu sol. dans l'alcool.

PRÉPARATION : Act. oxydante de MnO^4K et SO^4H^2 sur mélange d'acétone et d'éthylmercaptan : $(CH^3)^2=CO + 2(C^2H^5,SH) = H^2O + (CH^3)^2=C=(C^2H^5S)^2$.

CARACTÈRES : Corps très stable. — Décomposé par CyK et pyrogallol en mercaptan et isosulfocyanate de K.

USAGES MÉDICAUX : Excellent soporifique à la dose de 1 à 3 gr.

2° Sous-Division. — COMPOSÉS DE LA SÉRIE AROMATIQUE OU CYCLIQUE

GÉNÉRALITÉS. — Corps le plus souvent artificiels et produits par des act. pyrogénées.

ACTION DE CHALEUR SUR COMPOSÉS ORGANIQUES COMPLEXES : 1° Corps renfermant C, H et O. — On obtient d'abord eau, CO, CO^2, H, CH^4, et autres carbures plus ou moins saturés, des composés oxygénés de la série grasse (combin. exothermique); puis des matières plus complexes qui se présentent sous forme de goudrons acides et qui renferment des composés divers de la série aromatique (combinaison endothermique). — 2° Corps renfermant A; on obtient en plus AH^3; CA et des goudrons azotés.

DISTILLATION DE LA HOUILLE : (h. grasses et h. maigres) : gaz; liquides ammoniacaux; goudrons de houille ou coaltar; coke.

GAZ D'ÉCLAIRAGE : Houilles grasses; batteries de sept cornues en terre; barillet pour séparation des liquides ammoniacaux et des goudrons; extracteurs centrifuges et autres; épurateurs (chaux, sels de fer, etc.). Ce qu'on entend par *spentoxyde*. — Gazomètres, distribution, appareils de chauffage et d'éclairage. *Composition moyenne du gaz de l'éclairage* : CH^4 35 p.; H 45 p.; CO 6 à 8 p.; divers hydroc. 5 à 10 p.; A et CO^2 5 à 6 p.

REMARQUES HYGIÉNOLOGIQUES A PROPOS DU GAZ DE L'ÉCLAIRAGE. — Sous-sol des villes. — Fuites de gaz. — Produits de combustion complète et incomplète. — Asphyxie par le gaz.

QUESTIONS RELATIVES AU POUVOIR ÉCLAIRANT DES CORPS COMBUSTIBLES : Pour que la flamme d'un corps soit éclairante, il faut : 1° que le rapport entre C et H se rapproche de (CH^2); 2° que le composé combustible soit assez condensé; 3° qu'il y ait un rapport normal entre l'air fourni et le combustible consommé; 4° que la pression soit normale. — Flammes pâles et fuligineuses. — Mélanges combustibles très éclairants. — Nouveaux produits commerciaux préparés dans ce but.

TRAITEMENT DES GOUDRONS. Séparation des éléments constitutifs, par les actions successives de l'eau pour corps solubles, de SO^4H^2 pour corps basiques, de NaOH pour corps acides. Le résidu principalement formé d'hydroc. aromat. est soumis à la distill. fractionnée.

SYNTHÈSE DU BENZÈNE ET CONSTITUTION. 3 mol. d'acétylène, se combinent au rouge sombre pour former une seule mol. de benzène C^6H^6, dans laquelle les six atomes de C sont soudés les uns aux autres, pour former une chaîne fermée.

Hypothèse et hexagone de Kékulé. — Formule prismatique du benzène.

NOYAUX AROMATIQUES : Les composés aromatiques sont sensés renfermer en eux un noyau primordial très fixe, dont ils dérivent par des modifications latérales.

NOYAUX PRINCIPAUX : Ce sont : le noy. *benzénique* (n.B)C^6 ; le noy. *naphtalénique* (n.Nap.)C^{10} ; le noy. *anthracénique* (n.An.)C^{14}.

On représente graphiquement le *noyau benzénique* (n.B) par un *hexagone* dont un sommet qui est en haut est désigné par le numéro 1, les autres le sont, en suivant par la droite, par les num. 2, 3, 4, 5, 6.

DÉRIVÉS SUBSTITUÉS : Tout groupement monovalent (OH)', (CH^3)', (CO.OH)', etc., etc., remplaçant un ou plusieurs H, s'inscrit avec le même numéro que celui auquel il est substitué.

Le *noyau naphtalénique* (n.Nap.) peut être envisagé comme formé de 2 (n.B) accolés par les sommets 2, 3 du premier, qui se confondent avec les sommets 5, 6 du second. — On désigne les 8 sommets en commençant par en haut et à droite, par les numéros : 1, 2, 3, 4, 5, 6, 7, 8. — Les sommets communs portent les numéros 9 en haut 10 en bas.

Le *noyau anthracénique* (n.An.) peut être envisagé comme formé de 3 (n.B.) accolés comme pour le (n.Nap). — Les 10 sommets sont numérotés ainsi : les sommets de (n.B.) de droite 1, 2, 3, 4 en commençant par en haut ; les sommets du (n.B.) de gauche 5, 6, 7, 8 en continuant par en bas. — Les sommets du (n.B.) intermédiaire portent les numéros 9 en haut et 10 en bas.

Hydrocarbures aromatiques ou cycliques.

ORIGINE : Obtenus synthétiquement. — Retirés des goudrons. — Existent dans quelques produits naturels : h. essentielles.

NOMENCLATURE : Terminaison *ène*.

DIVISION ET LISTE DES PRINCIPAUX : Trois groupes principaux, suivant qu'ils renferment les (n.B). (n.Nap.) ou (n.An.)

1er GROUPE :

(a). Un (n.B) simple ou *modifié par substitution de un ou plusieurs R'* *de carbures gras saturés ou non :*

Benzène.................... C^6H^6

Benzènes monosubstitués.

C^7H^8	Toluène ou méthylbenzène.............	C^6H^5-CH^3
C^8H^{10}	Éthylbenzène........................	C^6H^5-C^2H^5
C^9H^{12}	Propylbenzène.......................	C^6H^5-C^3H^7
C^9H^{12}	Isopropylbenzène (cumène)............	C^6H^5-$CH=(CH^3)^2$
$C^{11}H^{16}$	Amylbenzène........................	C^6H^5-C^5H^{11}
C^9H^8	Stysolène ou cinnamène...............	C^6H^5-C^2H^3

Benzènes bisubstitués.

C^8H^{10} Diméthylbenzènes ou xylènes .... ortho $(C^6H^4)CH^3{}_1CH^3{}_2$
méta $(C^6H^4)CH^3{}_1CH^3{}_3$
para $(C^6H^4)CH^3{}_1CH^3{}_4$
$C^{10}H^{14}$ Diéthylbenzène .... para $(C^6H^4)(C^2H^5)^2{}_{1.4}$
$C^{10}H^{14}$ Méthylpropylbenzène (cymène du cumin)... para $(C^6H^4)CH^3{}_1C^3H^7{}_4$
$C^{10}H^{14}$ Méthylisopropylbenzène (cymène du camphre). para   id   id.   id.

Benzènes polysubstitués.

C^9H^{12} Triméthylbenzène symétrique ou mésitylène. $(C^6H^3)(CH^3)^3{}_{1.3.5}$.
C^9H^{12} id.   non   id.   pseudocumène. $(C^6H^3)(CH^3)_{1.3.4}$.
$C^{10}H^{14}$ Tétraméthylbenzène ou durol .... $(C^6H^2)(CH^3)^4{}_{1.3.4.5}$.
$C^{11}H^{16}$ Pentaméthylbenzène..................... $(C^6H)(CH^3)^5$
$C^{12}H^{18}$ Hexaméthylbenzène .... $(C^6)(CH^3)^6$.

REMARQUES SUR LES ISOMÉRIES CONNUES ET POSSIBLES DES DÉRIVÉS DU BENZÈNE : 1 dérivé monosubstitué. — 3 dér. bisubstitués ortho 1.2; méta 1.3; para 1.4. — 3 dér. trisubst. — 3 dér. tétrasubst. — 1 dér. pentasubst. — 1 dér. hexasubst.

DÉSIGNATION CONVENTIONNELLE DES SOMMETS : **2**, position ortho; **3**, posit. méta; **4**, posit. para.

(b). *Deux (n.B) simples ou modifiés par substitution, soudés directement par un sommet (structure simple ou complexe), ou réunis entre eux par un R^y d'hydrocarbure.*

$C^{12}H^{10}$ Diphényle .... $(C^6H^5)-(C^6H^5)$
$C^{14}H^{14}$ Dicrésyle .... $(C^6H^4-CH^3)-(C^6H^4-CH^3)$
$C^{16}H^{18}$ Dixylile .... $(CH^3)^2=C^6H^3-C^6H^3=(CH^3)^2$
$C^{13}H^{10}$ Fluorène .... $(C^6H^4-C^6H^4)''=(CH^2)''$
$C^{15}H^{10}$ Fluoranthrène .... $(C^6H^4-C^6H^3)'''\equiv(C^3H^3)'''$
$C^{14}H^{12}$ Stylbène ou diphényléthylène .... $(C^6H^5)'-C^2H^2-(C^6H^5)$
$C^{14}H^{10}$ Tolane ou diphénylacétylène .... $(C^6H^5)-C\equiv C-(C^6H^5)$

2ᵉ GROUPE :

Naphtalène.................. $C^{10}H^8$.
Hydrure de naphtalène....... $C^{10}H^{10}$.
Acénaphtène................. $C^{12}H^{10}$.

3ᵉ GROUPE :

Anthracène................. $C^{14}H^{10}$.
Phénanthène................

Étude des principaux carbures aromatiques.

BENZÈNE C^6H^6 (benzine ou benzol) : Liq. mob. inc. od. spéciale; crist. à 4°5; bout à +80°6; D = 0,884; très réfringent; insol. dans l'eau;

sol. dans l'alcool, l'éther, le CS^2. — Dissout: Corps gras, huiles essentielles, résines, caoutchouc, beaucoup d'alcaloïdes; S, I, P.

PRODUCTION : Synthèse; distillation des benzoates.

EXTRACTION : Des huiles légères de goudron de houille; fractionnement; emploi d'un mélange réfrigérant pour solidifier benzène.

PROPRIÉTÉS : Très combustible; flamme éclairante et fuligineuse. — En présence de Al^2Cl^6 et : d'O donne : C^6H^5,OH phénol; de CO^2 donne : $C^6H^5,COOH$ ac. benzoïque; de CH^3Cl donne : C^6H^5,CH^3 toluène; de C^2H^5Cl, donne : C^6H^5,C^2H^5 éthylbenzine; le Cl à *lumière diffuse* à chaud (avec I traces), donne des dérivés substitués non saponifiables.—Le Cl au *soleil* donne des produits d'addition. — Le SO^4H^2 fumant donne : ac. *benzénosulfureux* $,SO^3(H)'(C^6H^5O)'$ (ac. *benzéno-sulfonique,* ac. *phénylsulfonique*) que KOH fondante transforme en *phénol*.

USAGES : Dissolvant; carburation du gaz; nitrobenzène et couleurs d'aniline; séparation des alcaloïdes. En médecine : antiseptique et désinfectant, anesthésique. — Ivresse spéciale.

TOLUÈNE C^6H^5,CH^3 : Grande analogie avec benzène; bout à 111°; se retire des huiles légères de houilles.

CONSTITUTION : Formé de 2 noy.: 1 aromat. $(C^6H^5)'$ et un gras: $(CH^3)'$.

Action du chlore — à *froid:* Dérivés dans le groupe aromat. très stables, non saponifiables. — A *chaud:* Dérivés dans le gr. gras; corps saponifiables, pouvant devenir alcools, aldéhydes et acides.

Généralités sur cette double action du chlore à froid et à chaud sur les hydroc. aromatiques à chaînes latérales grasses.

Action de SO^4H^2 fumant: Dérivés sulfonés dans noy. aromat. qui, fondus avec KOH, donnent *crésols*.

ISOMÉRIES des dérivés substitués du toluène.

XYLÈNES $(C^6H^4)''(CH^3)^2$ (**o. m. p.**). — Huiles légères des goudrons de houilles. — Analogies avec benzène et toluène; bout de 136° à 142°.

STYROLÈNE C^8H^8 (Styrol, cinnamène) : Obtenu par distillation du styrax, du baume de tolu avec CaO — il se polymérise facilement.

FLUORÈNE : Solutions fluorescentes et violettes.

FLUORANTHRÈNE : Retiré des derniers produits de la distillation du brai.

NAPTALÈNE $C^{10}H^8$ (naphtaline). — Solid.; od. goudronneuse; sav. âcre et aromatique; fond à + 79°; bout + 217°; retiré des h. lourdes, sublimation. — Se trouve dans le gaz de l'éclairage. — Insol. dans l'eau.

DÉRIVÉS : Les (H) **1, 4, 5, 8** sont représentés par (α). — Les (H) **2, 3, 6, 7** par (β). — 2 dérivés monobsubstitués isomériques;— 10 bisubstit. — 14 trisubstit. — 22 tétrasubtit.

Propriétés : Possède les propriétés générales du Benzène; dérivés chlorés, bromés, méthylés, etc. — SO^4H^2 fum¹ donne des acides naphtaléno-sulfonés qui, traités avec KOH fondante, donne des naphtols (α et β).

Usages : *En médecine :* Antiseptique à l'intérieur (typhus) (urines noires). — Affections de la peau (us. ext.) — *Industriels :* Mat. colorantes (composés azoïques des naphtols; tropœolines, etc.).

ANTHRACÈNE $C^{14}H^{10}$: Lamelles blanches, brillantes à fluorescence violette; fond à 210°; sublimable à 250°; od. fétide et irritante; bout à 360°. — Ins. dans l'eau; sol. dans l'éther, le chloroforme, le benzène et l'ac. acétique. — Les mélanges oxydants donnent : *anthraquinone* — SO^4H^2 fumant donne des acides athracéno-sulfonés, qui traités par KOH fond^{ts}, donnent des *anthrols*.

Usages : Mat. colorantes artificielles; alizarine.

Phénols.

GÉNÉRALITÉS : Tiennent le milieu entre les *acides* et les *alcools*. — Sont aux hydroc. aromatiques (noy. aromat.) ce que les alcools sont aux hydroc. gras. — Se rapprochent des *alcools tertiaires*.

PHÉNOLS MONO ET POLYBASIQUES : Corps assez répandus dans la nature; ne s'unissent pas aux acides. — Donnent des éthers par voie indirecte (act. des chlorures acides ou haloïdures de P.). Ces éthers sont difficilement saponifiables. — Les phénols s'unissent aux alcalis caustiques pour donner des *phénates*. — Les oxydes mixtes s'obtiennent par l'act. des éthers halogénés des alcools sur les phénates alcalins.

OXYDATION DES PHÉNOLS : Ne donnent ni aldéhydes, ni cétones, ni acides, mais des *quinones*.

PRODUITS DE SUBSTITUTION. — Les noyaux aromatiques des phénols conservent leurs propriétés et caractères.

PRODUCTIONS SYNTHÉTIQUES — 1° Dérivés sulfonés traités par KOH fondante. — 2° Act. de l'O sur hydroc. aromat. en présence de Al^2Cl^6. — 3° Act. de AO^2H sur amines aromatiques.

LISTE DES PRINCIPAUX PHÉNOLS.

Phénols monobasiques.

C^6H^6O. — Phénol ordinaire (C^6H^5,OH), le plus important.
C^7H^7O. — Crésyles ou crésols o. m. p., mélangés avec phénol brut.
$C^8H^{10}O$. — Xylénols,   id.   id.   id.
$C^{10}H^{12}O$. — Anol.
$C^{10}H^{14}O$. — Thymol ou parapropylmétacrésol (C^6H^3)CH^3,OH$3C^3H^7{}_4$.
$C^{10}H^7(OH)_\alpha$. — Naphtol α.
$C^{10}H^7(OH)_\beta$. — Naphtol β.
$C^{14}H^{10}O$. — Anthrols ($C^{14}H^9$)(OH)$_7$ et $C^{14}H^9$(OH)$_\beta$.
$C^{14}H^{10}O$. — Anthranols ($C^{14}H^9$)(OH)$_9$ ou 10.

Phénols bibasiques.

$C^6H^6O^2$ { Pyrocatéchine...... ortho $C^6H^4(OH)^2$ 1.2.
  Résorcine.......... méta $C^6H^4(OH)^2$ 1.3.
  Hydroquinone...... para $C^6H^4(OH)^2$ 1.4.

$C^7H^8O^2$ { Orcine.................. $C^6H^3(CH)^3(OH)^2$ 3.5.
  Lutorcine............... $C^6H^3(CH^3)(OH)^2$ 2.4.
  Homopyrocatéchine........ $C^6H^3(CH^3)(OH^2)$ 3.4,

Phénols polybasiques.

$C^6H^6O^3$ { Pyrogallol.
  Phloroglucine.

PHÉNOL ORDINAIRE C^6H^5,OH (ac. phénique, ac. carbolique). — Corps solid. inc.; fond à +41°; bout à 180°; D = 1,065; sol. dans 15 à 20 p. d'eau; en toute proportion dans l'alcool; od. caractérist.; sav. caustique; attaque épiderme; coagule albumine.

Préparation : Huiles lourdes de goudron de houille; act. des alcalis. — Décomposition des phénates alcalins par HCl. — Phénol impur ou brut. — Purification.

Propriétés chimiques : Se combine aux alcalis caustiques : *phénates* (chal. de formation peu élevée). — Ils sont solubles dans l'eau. — Le phénol ne décompose pas les carbonates.

Act. de l'ac. sulfurique concentré. — Trois dérivés sulfonés isomériques o. m. p.

1° L'acide *orthophénolsulfonique* ou *aseptol* : act. à froid de phénol sur l'acide sulfurique. — Fondu avec KOH donne la *pyrocatéchine*. — C'est un antiseptique énergique.

2° L'acide *métaphénolsulfonique* : donne par KOH la *résorcine*.

3° L'acide *paraphénolsulfonique* : obtenu à chaud donne par KOH l'*hydroquinone*. — Cet acide (para) n'est pas antiseptique.

Action de CO^2. — En présence de Na ou NaO fondante donne *ac. oxybenzoïque* $C^6H^4(OH)(COOH)$.

Réaction : Eau de Br précip. jaune de tribromophénol. — Fe^2Cl^6 col. violette. — Copeau de sapin humecté de phénol et HCl se colore en bleu au soleil. — Phénate d'AH^3 + chlorure de chaux : produit une coloration bleue.

Usages : Désinfectant et antiseptique (cultures en milieu phéniqué) vénéneux à l'intérieur, produit urines noires.

ÉTHERS DU PHÉNOL : Obtenus par voie indirecte.

ANISOL C^6H^5O,CH^3 ou *éther méthylphénique* : partie liquide de l'essence d'anis.

ANOL ou ISOPROPYLPHÉNOL $C^6H^4(OH)(C^3H^7)$: sans importance.

ÉTHER : ANÉTHOL $C^6H^4(OCH^3)(C^3H^7)$ ou *éther méthylisopropylphénol* : partie concrète de l'essence d'anis.

CRÉOSOTE : Mélange de phénols retirés des goudrons de bois (hêtre). Liq. jaune-brun; odeur aromatique spéciale très pénétrante; $D = 1,04$; très peu sol. dans l'eau; sol. dans l'alcool, l'éther, les huiles.

USAGES : Antiseptique puissant; coagule l'albumine; maux de dents; fumaison; injection du bois.

THYMOL $(C^6H^3)\equiv(CH^3)_1(OH)_3(C^3H^7)_4$. — Existe dans l'h. essent. de thym mélangé au thymène $C^{10}H^{16}$ et au cymène $C^{10}H^{14}$. — Solid.; od. aromat. et poivrée; saveur caustique; $D = 1,07$; fond à $+30°$; bout à $+230°$; solubl. dans 333 p. d'eau; très sol. dans l'alcool et l'éther.

PRÉPARATION : Trait^t de l'ess. de thym avec NaOH; puis par HCl. — On distille.

USAGES : Antiseptique puissant; thymol Doré.

NAPHTOLS : — (α) Solide, fond à 94°; bout à 279°; insol. dans l'eau; sol. dans l'alc. et l'éther. — (Utilisé pour prod. de matières colorantes jaunes).

(β) Solide fond à 123°; bout à 285° (utilisé pour produire de la rocelline). — Obtenus tous deux par act. de KOH fondante sur les dérivés sulfonés correspondants :

USAGES MÉDICAUX : Antiseptiques puissants (tubercules) (β) plus actif que (α).

PYROCATÉCHINE $C^6H^4(OH)^2_{1,2}$. (distillation du cachou, des tannins qui verdissent les sels de fer). — Corps solide, solub. dans l'eau; fond à 104°; bout à 240°; réducteur (liq. de Fehling).

RÉSORCINE $C^6H^4(OH)^2_{1,3}$. (act. d'alcalis sur galbanum, asa fœtida, gomme ammoniaque). Solide, rougeâtre; fond à 110°; bout à 276°; insol. dans l'eau; sav. désagréable.

HYDROQUINONE $C^6H^4(OH)^2_{1,4}$. (Distil. de l'ac. quinique, dédoublement de l'arbutine par l'émulsine). — Subst. incol.; sol.; fond à 177°; réducteur puissant (photographie).

ORCINE $C^6H^3(CH^3)_1(OH)_3(OH)_5$. — (Lichens tinctoriaux. Voir érythrol). — Crist. incol.; se color. à l'air; sol. dans l'eau, l'alcool et l'éther; fond à $+86°$; bout à 285°.

Act. de AH^3. — Combin. molécul. incolore lorsqu'elle est produite à l'abri du contact de l'air; elle s'oxyde facilement en se colorant en violet; *orcéine* (sulfoconjugués d'orcéine, orseille commerciale, *tournesol* et *teinture de tournesol*).

ÉTHERS DES DIPHÉNOLS : EUGÉNOL $C^6H^8(OH)(OCH^3)$: *essence de girofle oxygénée.* — Se trouve dans l'ess. de girofle. — Liq. inc., oléagineux; bout à 252°.

PRÉPARATION : Retiré de l'ess. de girofle par agitation avec KOH et décomposition par SO^4H^2.

PROPRIÉTÉS : Donne un éther acétique par agitation avec anhydride acétique (acétyl-eugénol).

PYROGALLOL $C^6H^3(OH)^3$ 1,2,3. (ac. pyrogallique). Aiguilles blanches, légères; fusibles à + 115°; sublimables à 210°; très sol. dans eau; sav. amère.'

Préparation : Act. de chal. sur ac. gallique.

Synthèse : Oxydat. de l'ac. salicylique biiodé par AO^3H.

Propriétés : Corps très réducteur (photogr.); absorbe O en milieu alcalin (analyse des gaz). — Colore sels ferreux en bleu, sels ferriques en rouge. — Corps très vénéneux, antiseptique excellent.

Quinones.

DÉFINITION : Produits résultant de la déshydrogénation (H^2) des paradiphénols.

Propriétés : Quelques analogies de propriétés avec aldéhydes. — S'unissent avec AH^3. — Reproduisent des diphénols par hydrogénation. — Ne donnent pas d'acides par oxydation, mais bien d'autres produits. — Corps généralement colorés; sublimables; régénèrent l'hydroc. générateur par l'act. du Zn à la temp. du rouge.

Préparation : 1° Oxydation des paradérivés aromat. (n.B).

2° Oxydat. directe des hydroc. (n.Nap) et (n.An).

3° Oxydat. directe des substances diverses complexes renfermant des noyaux aromatiques.

QUINONE ($C^6H^4O^2$) : Produit d'oxydat. du café, de l'ac. quinique. — Aiguilles jaune d'or; od. d'iode; fond à 115°; sublimable; vap. piquent les yeux; presque insol. dans l'eau; sol. dans l'alcool et l'éther. — Transformé en hydroquinone par les corps réducteurs SO^2.

Préparation : Oxydat. du benzène par l'ac. chlorochromique.

NAPHTAQUINONE ($C^{10}H^6O^2$) 1,4. : Aiguilles ou tables : od. d'iode; fond à 125°; sublimable; sol. dans l'eau, l'alcool et l'éther (sol. colorées en jaune avec fluorescence verte).

Préparation : Oxydation à chaud par ac. chromique du naphtalène dissout dans l'ac. acétique.

ANTHRAQUINONE : Constitution d'une bicétone $C^6H^4=(CO)^2=C^6H^4$. — Cristaux jaunes rougeâtres; inod. et insip.; fond à 273°; sublimable; insol. dans l'eau; peu sol. dans l'alcool.

Préparation : Oxydation à chaud par ac. chromique de l'anthracène dissout dans l'ac. acétique.

Act. du brome : Dérivés bromés, *mono* et *dibromoanthraquinone*.

Act. de SO^4H^2 fumant : *anthraquinones disulfonés* (α et β).

OXYANTHRAQUINONES : Corps obtenus par act. de KOH fondante sur les dérivés bromés ou sulfonés ci-dessus. On connait deux *monoxyanthraquinones*. — Dix *dioxyanthraquinones*, dont neuf incolores et une colorée, l'*alizarine*. — Six *trioxyanthraquinones*, dont une est la *purpurine*, etc., etc. — Une *hexaoxyanthraquinone* ou ac. *rufigallique*.

ALIZARINE $(C^6H^4)=(CO)^2=C^6H^2(OH)^2{}_{1.2.}$: Mat. colorante de la garance, ac. rubérythrique $(C^{20}H^{22}O^{11})$ (glucoside). — Aiguilles rouges; fus. à 289°; sublimable; très peu sol. dans l'eau; sol. dans l'alcool, l'éther, le pétrole, l'ac. acétique.

TEINTURE DES ÉTOFFES avec ou sans mordants. — Act. des alcalis; teste rouge.

PURPURINE $C^6H^4=(CO)^2=C^6H(OH)^3$: Cristaux jaunes rougeâtres; mêmes propriétés générales que l'alizarine. — Devient pourpre avec les alcalis.

ACIDE RUFIGALLIQUE $(OH)^3C^6H=(CO^2)=C^6H(OH)^3$: Corps insol. dans l'eau. — Devient bleu ou violet avec KOH.

Alcools, aldéhydes et acides aromatiques.

GÉNÉRALITÉS : Dérivent de la transformation méthodique des chaînons gras latéraux que peuvent posséder certains hydrocarb. aromat. $-CH^3$ est changé en $-CH^2(OH)$ ou en $-COH$ ou enfin en $-COOH$.

FONCTION SIMPLE ET FONCTION MIXTE : De plus, le noy. aromat. peut être mono ou polyphénolé. — Corps très nombreux. — Isoméries possibles. — Ces corps se rattachent comme les phénols aux (n.B) (n.Nap) (N.Ant.) devenus mono, bi ou polyvalents par perte de H, 2H ou plusieurs H.

Composés à radicaux aromat. monovalents.

FAMILLE BENZYLIQUE : ALCOOL BENZYLIQUE $C^6H^5-CH^2(OH)$. Liq. inc.; oléagineux; od. d'amandes amères; bout à 206°; insol. dans l'eau; sol. dans l'alcool, CS^2; s'éthérifie à l'instar des al. ordinaires.

Act. des oxydants: Transfor. en aldéh. et acide.

ALDÉHYDE BENZYLIQUE (C^6H^5-COH) (ess. d'amandes amères) — hydrure de benzoyle. — Liq. incol.; sav. brûlante; od. forte caractérist.; sol. dans 30 p. d'eau; bout à 180°; se trouve mélangée avec CAH dans : eau de laurier-cerise, kirsch, sirop d'orgeat. — Provient du dédoubl^t de l'*amygdaline* $C^{20}H^{27}AO^{11}$.

PRÉPARATION. — Amandes amères; distillation avec eau, après extract. de l'huile.

L'oxygène de l'air l'oxyde et la transforme en ac. benzoïque.

ACIDE BENZOIQUE $C^6H^5,COOH$ — (monob.) fleurs de benjoin — Benjoin, styrax, tolu, B. du Pérou, Castoréum, etc. — Corps solide; blanc; fusible à 121°; bout à 249°; sublimable; peu sol. dans l'eau; très sol. dans l'alcool et l'éther.

PRÉPARATION : Sublimation du benjoin. — Benjoin par voie humide

(CaO, puis HCl). — Dans l'industrie, décomposition de l'ac. hippurique.
USAGES MÉDICAUX : Anticatarrhal, antifermentescible. — Benzoates.

FAMILLE CINNAMIQUE. — ALCOOL CINNAMIQUE C^6H^5-$C^2H^2(CH^2OH)$ (styrone) retiré du styrax. — Corps solide; fond à $+33°$; bout à $262°$.

ALDÉHYDE CINNAMIQUE C^6H^5-$C^2H^2(COH)$: Partie liquide de l'essence de cannelle. — Huile incol.; plus lourde que l'eau.

ACIDE CINNAMIQUE C^6H^5-$C^2H^2(COOH)$: Existe dans le styrax et les B. du Pérou et de tolu. — Fond à $+133°$; bout à $297°$.

COMPOSÉS DIVERS : *Acide atropique* C^6H^5-$C^3H^3O^2$ — Isomérique de l'ac. cinnamique. — Produit par le dédoublement de l'*atropine* par HCl.
Acides tropique et *isotropique*. C^6H^5-$C^3H^5O^3$ isomériques. — Produits par l'hydratation de l'*acide atropique*.

Composés se rattachant aux radicaux aromatiques bivalents.

ALCOOLS TOLYLIQUES para $(C^6H^4)=(CH^3)_1(CH^2OH)_4$ liq.; bout à $217°$.
ALDÉHYDES TOLYLIQUES para $(C^6H^4)=(CH^3)_1(COH)_4$ liq.; bout à $204°$.
id.   id.   méta $(C^6H^4)=(CH^3)_1(COH)_3$ liq.; bout à $199°$.
ACIDES TOLUIQUES o. m. p. $(C^6H^4)=(CH^3)(COOH)$: solides; s'obtiennent synthétiquement par act. de CAK sur les toluènes monochlorés, puis par act. de HCl sur les cyanures obtenus.

FAMILLE PHTALIQUE : GLYCOLS :
Gl. phtalique ortho $(C^6H^4)=(CH^2OH)^2_{1.2}$ sol.; fond à $56°$-$62°$.
Gl. tolylénique méta $(C^6H^4)=(CH^2OH)^2_{1.3}$ sol.; fond à $113°$.
ALDÉHYDES PHTALIQUES ortho et para $(C^6H^4)=(COH)^2$, solides.
ACIDES PHTALIQUES $(C^6H^4)=(COOH)^2$ ortho : Crist.; fond à $+182°$; sol. dans l'alcool et l'éther. — Obtenu par oxydat. du naphtalène. — La chaleur fait perdre H^2O et donne: *anhydride phtalique* $(C^6H^4)''=(CO$-O-$CO)''$, qui fond à $128°$ et bout à $276°$.
Méta : fond à $300°$; sublimable sans donner d'*anhydride*.
Para : *ac. téréphtalique* : poudre blanche; insol. dans l'eau et l'alcool. — Obtenu par oxydat. du térébenthène par un grand excès d'AO^3H étendu de son vol. d'eau. — Ne donne pas d'*anhydride*.

PHTALÉINES : produits résultant de l'act. de l'anhydride phtalique sur phénols avec élimination d'H^2O.

PHÉNOL-PHTALÉINE $C^{20}H^{14}O^4$: poudre blanchâtre; insoluble dans l'eau; soluble dans alcool; — Réactif employé en acidimétrie. — Incolore avec les acides. — Rose ou violet avec les alcalis.

FLUORESCÉINE : Act. de l'anhy. phtalique sur résorcine. Sol. dans les alcalis (fluorescence jaune-verdâtre). — L'*éosine* est le dérivé tétrabromé de sa combinaison potassique. On utilise ses autres dérivés colorés sous les noms d'*auréosines*, de *rubéosines*, etc.

FAMILLE CUMINIQUE: ALCOOL CUMINIQUE $(C^6H^4)=(C^3H^7)'(CH^2OH)'$.
— Bout à 243°; isomère du thymol; ins. dans l'eau; sol. dans l'alcool.

ALDÉHYDE CUMINIQUE $C^{10}H^{12}O$: Domine dans l'essence de cumin.
— Liq. incol.; odeur forte de cumin; bout à 220°.

ACIDE CUMINIQUE $C^{10}H^{12}O^2$. Sol.; fond à 115°; od. de punaises.

Principaux alcools, aldéhydes et acides phénolés.

1° CORPS MONOPHÉNOLÉS OU QUI S'Y RATTACHENT.

SALIGÉNINE $(C^6H^4)^v(OH)_1(CH^2OH)_2$: (alphénol ou alcool-phénol) *alcool oxyorthobenzylique*. — Produit de dédoublement du glucoside salicine (saules) $C^{13}H^{18}O^7$. — Corps soli.; crist.; fond à 81°; sol. dans l'eau, l'alcool et l'éther. — KOH fondante la transforme en *ac. salicylique*.

ALDÉHYDE SALICYLIQUE $(C^6H^4)^v(CO)_1(COH)_2$ aldéhyde-phénol ou aldéhyde oxyorthobenzylique. — Existe dans l'essence de reine des prés.
— Liq. huileux, réfringent, odeur agréable et caractéristique; bout à 196°. $D = 1,17$; sol. dans l'eau et l'alcool; possède les propriétés générales des aldéhydes. — La solut. aq. colore en violet le Fe^2Cl^6. — Donne par oxydat. *acide salicylique*.

PRÉPARATION : 1° Oxydat. de la salicine (mél. oxyd. habituel) 2° Act. de chal. modérée sur mél. de phénol 2 p., $NaOH$ 4 p., H^2O 5 p. et $CHCl^3$ 3 p.

COUMARINES $C^9H^6O^2$ (fève tonka, fakam, mélilot). Corps à constitution complexe, se rattach. à l'ald. salicylique ou à ses isomères. — Obtenues synthétiquement par act. de l'anhydride acétique sur l'ald. salicylique.
—Cristaux, incol.; od. forte et agréable; fond^t à 67°; bout^t à 29°; sol. dans l'eau. — Les *coumarines* donnent par l'hydratation les *acides coumariques* qui sont les homologues supérieurs des acides oxybenzoïques.

ACIDE SALICYLIQUE $C^6H^4(OH)_1(COOH)_2$ –(acide-phénol) *acide oxyorthobenzoïque:* Crist. en aiguilles; fond à 115°; sublimable; très peu soluble dans l'eau 1 0/00; sol. dans l'alcool, l'éther, le pétrole, la benzine.

PRÉPARATION : 1° (synthétique) act. de CO^2 sur phénate sodique à 200° –250° – (avec K, on obtient un acide para) — 2° oxydat. de la salicine ou de la saligénine.

PROPRIÉTÉS : Transformé par H naissant en ald. salicylique — Cl, Br, I, donnent des produits de substitut. — Colore en violet Fe^2Cl^6.

USAGES : *médicaux :* antiseptique et antipyrétique, il agit contre l'élément douleur (rhumatismes), contre les accidents inflammatoires.
— S'élimine particllement à l'état d'*ac. salicylurique*. — Conservation des produits fermentescibles et des aliments. — Recherche : emploi des dissolvants et des sels ferriques. — Dosages dans les substances alimentaires; procédés colorimétriques.

ÉTHERS SALICYLIQUES : peuvent résulter de l'éthérification de OH alcoolique ou phénolique.

Éther méthylsalicylique $C^6H^4(OH)_1(COO,CH^3)_2$ ess. de Wintergreen;

liq.; od. spéciale; bout à 223°; obtenu artificiellement par l'act. de SO^4H^2 sur ac. salicylique et alcool méthylique.

Éther phénylsalicylique $C^6H^4(OH)(COO,C^6H^5)$ ou *salol* corps sol.; incol. et insipide; ins. dans l'eau; sol. dans l'alcool.

Préparation : Act. à chaud du PCl^5 sur mél. de phénate et de salicylate de Na.

Usages médicaux : Antipyrétique et antiseptique.

SALICYLATES : Ont pour formule $C^6H^4(OH)(COOM')$ ou $C^6H^4(OM')$ $(COOM')$, suivant qu'on neutralise l'ac. salicylique par un *carbonate alcalin* ou un *alcali caustique*.

Salicylate de soude $C^6H^4(OH)(COONa)$; corps sol.; saveur désagréable; très sol. dans l'eau; emplois médicaux.

Salicylate de lithium : sol. dans l'eau; emplois médicaux.

Salicylate de bismuth : Sel blanc; insol. dans l'eau, obtenu par double décomposition; emplois médicaux.

Composés isomériques des produits précédents : Des trois séries o. m. p.

A la série *para*, se rattachent des dérivés éthérés importants :

Alcool anisique $C^6H^4(OCH^3)_1(CH^2OH)_4$ ou *alcool méthylparaoxybenzylique :* sol.; fond à 25°; bout à 259°; donne par oxydat. aldéhyde anisique.

Aldéhyde anisique $C^6H^4(OCH^3)_1(COH)_4$: liq. jaune; bout à 355°. — Obtenu par l'oxydat. de l'essence d'anis.

Acide anisique $C^6H^4(OCH^3)_1(COOH)_4$: sol.; fond à 175°; bout à 275°; obtenu par l'oxydat. de l'aldéhyde anisique ou de l'ess. d'anis. — La baryte caustique à chaud le décompose en CO^2 et anisol.

2° Corps polyphénolés ou s'y rattachant.

ALCOOL PROTOCATÉCHIQUE $C^6H^3(OH)_4(OH)_3(CH^2OH)_1$ *al. dioxybenzilique.*

Acool méthylprotocatéchique $C^6H^3(OH)_4(OCH^3)_3(CH^2OH)_1$ *al. vanillique.* — Cristallise en aiguilles; fond à 103°. — Obtenu par hydrogénation de son aldéhyde.

ALDÉHYDE PROTOCATÉCHIQUE $C^6H^3(OH)_4(OH)_3(COH)_1$ *aldéhyde dioxybenzilique.* — Crist. fusibles à 150° en s'altérant; sol. dans l'eau.

Aldéhyde méthylprotocatéchique $C^6H^3(OH)_4(OCH^3)_3(COH)_1$ *(vanilline)* — givre de vanille. — Cristaux en aiguilles; fond à 81°; sublimable; odeur de vanille; peu soluble dans l'eau froide; sol. dans l'alcool et l'éther.

Préparation : 1° Extraction des gousses de vanille (éther, bisulfite, décomposition par SO^4H^2). 2° Au moyen de la *coniférine :* $C^{16}H^{22}O^8, 2H^2O$ — glucoside qui existe dans la sève de pin, qui, sous l'influence de l'émulsine donne *alcool coniférylique* $C^6H^3(OH)_4(OCH^3)_3(C^3H^4OH)_1$, et qui, oxydé par le bichromate et SO^4H^2 donne la *vanilline,* (C^3H^4OH) se

transformant en (COH). — 3° Oxydation de l'*acétyl-eugénol* par MnO⁴K.
Usages : Est substitué à la vanille (sucre vanillé).

ACIDE PROTOCATÉCHIQUE C⁶H³(OH)₄(OH)₃(COOH)₁ ou *acide dioxybenzoïque*. — Corps sol. crist.; fon^t à 199°; légèr^t sol. dans l'eau froide; obtenu par l'act. des alcalis à chaud sur un grand nombre de substances organiques — (gommes-résines).

Acide méthylprotocatéchique C⁶H³(OH)₄(OCH³)₃(COOH)₁ ou *ac. vanillique*. — Corps soluble; fond à 212°; sublimable. Obtenu par oxydation par MnO⁴K de: vanilline, coniférine.

Acide diméthylprotocatéchique C⁶H³(OCH³)₄(OCH³)₃(COOH)₁ ou *ac. vératrique*. — Corps solide, crist.; sublimable; très peu sol. dans l'eau et l'éther; sol. dans l'alcool. — Retiré de la cévadille.

ACIDE GALLIQUE C⁶H²(OH)³(COOH). *Ac. dioxysalicylique*: Existe dans un grand nombre de végétaux : mango, sumac, libidibi. — Crist. en aiguilles; sav. astringente; sol. dans l'eau et l'alcool. — A 100° perd eau de crist. et fond à 200°.

Préparation — 1° *Synthétique*: Act. de KOH sur l'*ac. diiodosalicylique* — 2° *Fermentation* du tannin (moisissures; *penicellium* et *aspergillus*) — 3° *Ebullition prolongée* du tannin avec eau acidulée.

Le *tannin de chêne* est de l'*ac. digallique* soit: 2 mol. — H²O.

Propriétés : Corps réducteur; très oxydable, absorbe O, surtout en présence des alcalis. Décomposé par la chaleur en CO² et *pyrogallol*.

ACIDE QUINIQUE C¹⁶H⁷(OH)⁴(COOH) : Existe dans le quinquina et le café. — Donne par oxydation de la quinone.

TANNINS : TANNIN DE CHÊNE, ACIDE DIGALLIQUE C¹⁴H¹⁰O⁹ (ac. gallotannique) (noix de galle, chêne, sumac). — Corps sol.; amorphe; jaunâtre; léger; inod.; sav. astringente. — Très sol. dans l'eau; moins dans l'alcool; pas dans l'éther pur. — Fond à 210°, puis se décompose.

Préparation : Extraction de la noix de galle; déplacement par éther à 56° ou éther alcoolisé et aqueux; 2 couches : évaporation de la couche aqueuse. — Obtenu synthétiquement par l'act. du POCl³ sur l'ac. gallique.

Propriétés : Ses solutions s'altèrent à l'air en s'oxydant, principalement au contact des alcalis. — Corps réducteur; réduit MnO⁴K (dosage). — Les acides étendus et chauds l'hydratent (ac. gallique). — Il forme avec les bases métalliques de véritables sels (tannate ferrique ou *encre*). — Il précipite les alcaloïdes, les mat. albumineuses: albumine, sérine, gélatine (application : dosage du tannin). — Il est absorbé par les membranes animales qu'il rend imputrescibles (cuir) (application : tannage des peaux, tan et extrait de chêne). — Il subit la fermentation gallique.

Usages et Applications : *En médecine:* astringent puissant. — *Divers:* Réactif des alcaloïdes et de différents composés.

AUTRES TANNINS: Anhydrides divers plus ou moins complexes. — Les tannins de chêne, peuplier, poirier, arbousier, précipitent en *bleu* les persels de fer. — Les tannins de thé, cachou, quinquina, pins, saules, les précipitent en *vert*.
RECHERCHE ET DOSAGE DES TANNINS.

Hydrocarbures térébiques.

ÉTAT NATUREL : Ils se rencontrent en grand nombre dans les végétaux (essences naturelles).

COMPOSITION ET CONSTITUTION $(C^{10}H^{16})^n$, dans laquelle n = 1.; 1,5; 2. et qqf. un nombre inconnu. — Constitution douteuse. — Produits d'addition de composés aromatiques.

DIVISION : 1. *Hydroc. monotérébéniques ou terpènes* $C^{10}H^{16}$ (conifères, térébenthacées, aurantiacées, pipéracées, labiées et beaucoup de légumineuses). — Bouillent de 155°-180°; D = 0,83 à 0,88; très mobiles.

2. *Hydroc. sesquitérébéniques* $C^{15}H^{24}$ (cubèbe, copahu). — Bouillent de 255° à 280°; D = 0,92.

3. *Hydroc. ditérébéniques* $C^{20}H^{32}$: Résultent de l'act. de la chaleur sur les terpènes. — Bouillent vers 400°; D = 0,95.

4. *Hydroc. polytérébéniques* $(C^{10}H^{16})^n$: Composés résinoïdes, amorphes, résultant de polimérisation et décomposés par la chaleur en hydroc. moins condensés (colophane, caoutchouc, gutta-percha, etc.).

TERPÈNES OU TÉRÉBENTHÈNES $C^{10}H^{16}$ (essence de térébenthine).
ORIGINE ET PRÉPARATION : La *térébenthine* (gemme) est le suc résineux, sirupeux et odorant qui s'écoule des incisions faites aux arbres (conifères et térébenthacées) d'avril à novembre. — Récolte. —Galipot.—Elle renferme $C^{10}H^{16}$, puis ac. *formique, acétique, pimarique, sylvique, des résines oxygénées, des gommes, des cires, des amidons*. — Distillation avec eau. — Récipient florentin. — Colophane ou arcanson. — Poix blanche. — Poix résine.

USAGES DE CES PRODUITS. *Pharmaceutiques :* Onguents et emplâtres; eau de pin gemmé. — *Industriels :* Vernis, enduits, huiles de résines, etc.

DIFFÉRENTES ESSENCES COMMERCIALES, ARBRES QUI LES PRODUISENT ET ACT. SUR LUM. POLARISÉE :
Française (Pinus maritima) — lévogyre (térébenthène).
Américaine (P. australis) — dextrogyre (australène).
Russe (P. sylvestris) id.
Allemande (P. id. p. nigra) id.
On en retire le térébenthène ou l'australène en mélangeant avec CO^3K^2 et en distillant dans le vide.

PROPRIÉTÉS : Liq. incol.; mobile; odeur spéciale; bout 156°5. — *Act. sur lum. pol.;* térébenthène α = — 40°5 et australène α = + 18°0; D = 0,87. — Corps combustible et très volatil. — Flamme fuligineuse;

insol. dans l'eau; miscible avec l'alcool absolu et l'éther; peu sol. dans l'al. ordinaire.

Act. de chaleur : en tube scellé à 280°; se transforme en *isotérébenthène* $C^{10}H^{16}(\alpha = -93°)$, odeur *citronnée*, bout à 175°; et en *ditérébenthène* $C^{20}H^{32}$, liq. visqueux; bou^t vers 400°. — Au rouge, dissociation en *cymène* $C^{10}H^{14}$; *isoprène* C^5H^8; *naphtalène* $C^{10}H^8$.

Act. de l'Hydrogène : avec effluve : *hydrure de camphène* $C^{10}H^{18}$. — HI à 280° : $C^{10}H^{18}$; *hyd. de terpilène* $C^{10}H^{20}$; *hyd. de décylène* $C^{10}H^{22}$ et *pentane* ou *hy. d'amylène* C^5H^{12}.

Act. de l'O et des corps oxydants : A l'air devient visqueux et se résinifie (ozone). L'AO^3H l'oxyde et donne *ac. paratoluique* et *ac. téréphtalique.*

Act. du chlore et du brome : Composés d'addition qui perdent à chaud HCl ou HBr pour donner : *Cymène* $C^{10}H^{14}$. — L'iode donne : *cymène;* iodures divers et *hyd. de terpilène.*

Act. de l'ac. sulfurique : Réaction énergique et complexe. Il se forme $C^{10}H^{14}$ et des produits de polimérisation. — Il se forme aussi du *térébène* $C^{10}H^{16}$ inactif.

Act. de l'ac. chlorhydrique gazeux : 1° Sur l'essence pure on obtient 2 *monochlorhydrates* $C^{10}H^{16}$,HCl : l'un solide et crist. (camphre artificiel), qui fond à 151°; bout à 208°; lévogyre; et l'autre liquide.

Le *monochlorhydrate solide :* Chauffé vers 200° avec du savon ou avec potasse alcoolique à 180°, en vase clos, donne du *camphène* actif ou *térécamphène* $C^{10}H^{16}$; sol. fond à 45°; bout vers 160°; lévogyre. — Chauffé avec d'autres sels alcalins il donne : *camphène inactif* ou *térébène* $C^{10}H^{16}$.

2° Sur l'essence dissoute dans : alcool, éther ou ac. acétique, donne un *dichlorhydrate* $C^{10}H^{16}$,2HCl. — Corps sol.; cristallisé; fus. à 49°5; inactif. — Donne par les alcalis à chaud du *Terpilène* $C^{10}H^{16}$ inactif.

REMARQUES SUR CES ISOMÈRES : Térébenthènes actifs; isotérébenthènes actifs; camphènes actifs; camphènes inactifs; terpilènes inactifs (et actifs). — Donnent tous des chlorhydrates, qui saponifiés régénèrent le carbure primitif à l'exception des térébenthènes.

USAGES DES TÉRÉBENTHÈNES. *Médicaux :* Liniments excitants, balsamiques, antidode du P.; *industriels :* peinture et vernis.

HYDRATES DE TERPÈNES : On connaît des mono et des bihydrates isomériques, dont les fonctions chimiques sont variables : alcools primaires, secondaires, tertiaires, phénols mono ou bibasiques. — Ces corps existent dans la nature *camphols* (camphre de Bornéo). — Ils s'obtiennent par l'hydratation des terpènes.

HYDRATE D'ESSENCE DE TÉRÉBENTHINE $C^{10}H^{16}$,H^2O. — Liq. cristallisable; sav. brûlante; fond à 30°; bout à 220°; inactif. — Obtenu par l'act. prolongée de l'alcool renfermant un millième de SO^4H^2 sur l'essence.

HYDRATE DE CAMPHÈNE $C^{10}H^{16}$,H^2O : Corps crist.; analogue au camphre de Bornéo (monalcool).

CAMPHRE DE BORNÉO ou BORNÉOL $C^{10}H^{17},OH$ (Alcool campholique) *(Dryobalanops camphora)*; monalcool. — Cristaux fusibles à 206°; bout à 220°; ins. dans l'eau; sol. dans l'alcool, l'éther. — Dextrogyre. — Oxydation par AO^3H donne : *camphre ordinaire* ou *aldéhyde campholique*.

CAMPHRE ORDINAIRE ou ALDÉHYDE CAMPHOLIQUE $C^{10}H^{16}O$ *(Laurus camphora)*. — Extraction. — Raffinage : pains de camphre. — Subst. blanche, cristalline; saveur chaude et spéciale; odeur aromatique; un peu plus léger que l'eau; fond à 172°; bout à 204°. — Se sublime à la température ordinaire. — Presque insol. dans l'eau (mouvements giratoires à sa surface); sol. dans l'alcool, l'éther, le chloroforme, les corps gras. — Dextrogyre. — Combustible (flamme fuligineuse).

Act. de l'hydrogène naissant : donne camphre de Bornéo. — *Act. des oxydants* : suivant leur énergie, ils donnent : ac. camphique $C^{10}H^{16}O^2$; ac. camphorique $C^{10}H^{16}O^4$. — Le camphre donne des dérivés *chlorés, bromés, nitrés*.

Usages : *Médicaux :* antiseptique, sédatif. — *Pharmaceutiques :* alcool, eaux-de-vie, huiles, pommades camphrées.

CAMPHRES ISOMÉRIQUES : Camph. des labiées (inactif). — Camph. de matricaire (lévogyre).

DIHYDRATE DE TÉRÉBENTHÈNE, HYD. DE TERPILÈNE ou TERPINE $C^{10}H^{16},2H^2O$. — Corps sol. crist.; inodore; un peu plus lourd que l'eau; sol. dans 200 p. d'eau froide et dans presque tous les liquides (sursaturation); fond à 104°; bout à 258°. — Obtenu par act. de AO^3H sur alcool et $C^{10}H^{16}$ pendant plusieurs mois. — Donne un dichlorhydrate avec HCl.

Usages : *Médicaux :* anticatarrhal.

HYDROCARBURES POLYTÉRÉBÉNIQUES $(C^{10}H^{16})^n$. — Les plus importants sont le caoutchouc et la gutta-percha.

CAOUTCHOUC *(Ficus elastica, indica, Siphonia elastica,* etc.); fond à 235°; ins. dans l'eau et l'alcool; partiellement soluble dans l'éther le CS^2, les benzines, le chloroforme, les essences et mélange de 5 p. d'alcool absolu et 100 p. de CS^2. — Propriété élastique : elle a son maximum à la température ordinaire; au-dessous de 10°, elle n'existe plus; à zéro, le caoutchouc devient dur (gelé); reprend ses propriétés vers 35°-45°.

Industrie du caoutchouc : Gommes de Para (très pure) et autres gommes moins pures. — Régénération : écrasage, lavage, pétrissage, compression et action du froid. — Feuilles de caoutchouc (couteaux circulaires). — Fils de caoutchouc et tissus élastiques pour appareils orthopédiques et autres objets. — Tubes de caoutchouc (collage direct ou au moyen de dissol. de caoutchouc). — Tissus imperméables au caoutchouc ou avec ses succédanés.

Caoutchouc vulcanisé : Conserve son élasticité à toute température. — Pr. Goodyear : pétrissage avec 12 0/0 de soufre et façonnage des objets, suivi d'un chauffage à 140°-150° dans des autoclaves. — Pr. Hancock : façonnage avec caoutchouc ordinaire, séchage et immersion de plusieurs heures dans des bains de soufre fondu. — Pr. divers : chlorure de soufre (à froid) ; foie de soufre (à chaud). — Charges diverses : blanches ou colorées (CO^3Pb ; SO^4Ba, vermillon d'antimoine). — *Caoutchouc durci.*

USAGES ET EMPLOI DES CAOUTCHOUCS ET DE LA GUTTA-PERCHA : Appareils chirurgicaux et pour pansements. — Emploi en chimie, en électricité.

REMARQUES HYGIÉNOLOGIQUES SUR LES PRODUITS PRÉCÉDENTS : Essences, fabrication et entrepôts. — Industrie du caoutchouc. — Fabrication des tissus imperméables.

ESSENCES NATURELLES ou HUILES ESSENTIELLES : Produits plus ou moins complexes extraits des végétaux (glandes spéciales) : Expression ; emploi des dissolvants ; distillation avec l'eau. — Falsification (alcool, térébenthène). — Essai des essences.

Liste alphabétique et composition des principales essences :

Absinthe : Terpène bou^t à 160° ; absinthol $C^{10}H^{16}O$ bou^t à 195°, isomérique du camphre ; substance bleue *(azuline* ou *cœruléine).*

Ail : Sulfhydrate d'allyle.

Amandes amères : Aldéhyde benzylique.

Anis et Badiane : Hydroc. $C^{10}H^{16}$, anisol et anéthol.

Bergamote : Hydroc. $C^{10}H^{16}$ et hydrate d'hydroc.

Camomille romaine : Hydroc. $C^{10}H^{16}$, éthers butyl et amyl. angélique (azuléine ou cœruléine).

Cannelle : Hydroc. peu étudié et aldéh. cinnamique.

Carvi : Hydroc. $C^{10}H^{16}$ et carvol $C^{10}H^{14}O^2$.

Citron : Hydroc. $C^{10}H^{16}$ isomériques mélangés.

Cumin : Hydroc. en $C^{10}H^{16}$ et ald. cuminique.

Fenouil : Hydroc. en $C^{10}H^{16}$ et anéthol.

Genièvre : Hydroc. $C^{10}H^{16}$.

Géranium rosat : Hydroc., ac. pélargonique.

Girofles : Hydroc. en $C^{10}H^{16}$ et eugénol.

Lavande et aspic : Hydroc. $C^{10}H^{16}$; camphre inactif et quelques acides gras volatils.

Menthe poivrée : Hydroc. et menthol.

Néroly : Hydroc. en $C^{10}H^{16}$.

Moutarde : Éther allylisosulfocyanique.

Romarin : Hydroc. $C^{10}H^{16}$; camphre inactif.

Rue : Hydroc. (aldéhyde caprique $C^{10}H^{20}O^2$) ; méthylnonylcétone.

Sabine : Hydroc. $C^{10}H^{16}$.

Térébenthines : Carbures $C^{10}H^{16}$ isomériques.

Thym : Thymène $C^{10}H^{16}$, thymol et cymène $C^{10}H^{14}$.

Wintergreen : Hydroc. et éther méthylsalycilique.

Essences de fruits artificielles : Mélanges d'alcools, d'aldéhydes, d'acides et d'éthers divers rappelant l'odeur du fruit que l'on veut imiter.

3ᵉ Sous-Division. — COMPOSÉS AZOTÉS

PROPRIÉTÉS FONCTIONNELLES DE L'AZOTE : Corps d'affinités modérées. — Dans ses combinaisons il fonctionne comme *tri* ou *penta-valent*.

DIVISION DES PRINCIPAUX COMPOSÉS ORGANIQUES AZOTÉS :
1° *Éthers nitreux ou nitriques*.
2° *Dérivés nitrosés* $(AO)'$ ou *nitrés* $(AO^2)'$ provenant de substitutions.
3° *Dérivés ammoniacaux* : *amidogénés* (AH^2), *imidogénés* $(AH)''$, *nitrilés* $(A)'''$ comprenant : amines, amides, alcalamides et les composés à fonctions mixtes qui s'y rattachent.
4° Composés formés de deux noyaux organiques soudés ensemble par 2A qui échangent une ou deux valences : *hydrazines, azoïques* et *diazoïques*.
5° *Dérivés cyanogénés* dans lesquels on peut concevoir la présence du radical $(-C\equiv A)'$.
6° Composés *pyridiques* et *quinoléïques* : noyaux aromatiques dans lesquels A''' remplace le groupe CH''' d'un des sommets.
7° *Alcaloïdes* végétaux et animaux.

SYNTHÈSES GÉNÉRALES DES COMPOSÉS ORGANIQUES AZOTÉS

Dérivés nitrés et nitrosés.

1° *Dans la série grasse :* Corps peu importants (voy. p. 21).

2° *Dans la série aromatique :* Les dérivés nitrosés sont obtenus par l'act. de l'acide azoteux AO^2H ou du chlorure de nitrosyle $AOCl$ sur les composés divers. — Corps peu stables et peu importants au point de vue des applications médicales et pharmaceutiques.

Les dérivés *nitrés* obtenus par l'action de l'*acide azotique fumant* sont plus importants. — Ces corps ne sont pas des éthers et ne sont pas saponifiables. Voici les principaux :

NITROBENZÈNES : *Mononitrobenzène* $C^6H^5(AO^2)$ (ess. de mirbane). Liq. od. d'amandes amères; sol. à + 3°; bout à + 220°; ins. dans l'eau; sol. dans l'alcool et l'éther; *très toxique;* sa vapeur fait explosion au rouge.

Préparation : Act. de AO^2H fumant sur benzène et précipitation par l'eau.

Usages : Parfumerie, — préparation de l'aniline par l'act. de l'hydrogène naissant.

DINITROBENZÈNES $C^6H^4(AO^2)^2$ o. m. p. On en connaît trois.

NITROTOLUÈNES : Homologues supérieurs des *nitrobenzènes*.

NITROPHÉNOLS $(C^6H^2)(AO^2)^3$ *ac. picrique* ou *carbazotique, amer de Welter*. — Cristaux jaunes brillants; fond à 122°; sublimable; soluble dans 80 0/0 d'eau; explosif; grand pouvoir tinctorial.

PRÉPARATION : Act. d'un mélange de AO^3H et SO^4H^2 sur phénol.

PROPRIÉTÉS ET USAGES : ac. *monobasique*, donne des *picrates* (explosifs): Picrate de K, — picrate d'AH^3, — picrate de Pb; précipite beaucoup d'*alcaloïdes*; précipite l'albumine (*réactif d'Esbach :* ac. picrique, 10 p.; ac. citrique, 30 p.; eau dist., 1,000 p.)

DINITRONAPHTOL : *Jaune: d'or*, de *Martius*, de *Manchester*. Utilisé pour la coloration des substances alimentaires (interdit).

Dérivés ammoniacaux.

Amines ou ammoniaques composées.

DÉFINITION : Corps résultant de la substitution de radicaux alcooliques ou phénoliques aux hydrogènes d'une ou de plusieurs molécules d'AH^3. — Ils peuvent aussi dériver de l'*ammonium* AH^4.

DIVISIONS : *a* — *monamines:* Qui dérivent de AH^3 (contenant R'); *diamines* de A^2H^6 (contenant R''); *triamines :* de A^3H^9 (contenant R''').

b — Les *amines* sont *primaires, secondaires, tertiaires, quaternaires* suivant le nombre d'atomes d'H qui se trouve être substitué dans le groupement AH^3 ou AH^4.

DÉNOMINATION DES AMINES : On nomme le ou les *radicaux alcooliques* et on fait suivre du mot *amine*, ou *diamine*, ou *triamine*.

Ex. : AH^2CH^3 *méthylamine;* $AH(CH^3)^2$ *diméthylamine;* $AH.CH^3,C^2H^5$ *méthyléthylamine;* A,CH^3,C^2H^5,C^3H^7 *méthyléthylpropylamine;* $A^2H^4(C^2H^4)''$ *éthylène-diamine*.

PRÉPARATIONS GÉNÉRALES : 1° Proc. Hofmann (série grasse): Act. des *iodures alcooliques* sur AH^3. — 2° Proc. Zinin (série aromatique): Act. de l'*hydrogène* naissant sur les *nitrocarbures aromatiques*.

PRÉPARATION DES MONAMIDES PRIMAIRES : 1° Proc. Wurtz : Act. de KOH sur les *pseudocyanates alcooliques*. — 2° Proc. Mendius : Act. de l'H naissant sur les *cyanures alcooliques* ou *nitriles*.

PROPRIÉTÉS : Véritables alcalis comme l'AH^3. — Ex.: Combinaison de la *méthylamine* avec HCl : $AH^2(CH^3)HCl$: *chlorhydrate de méthylamine* ou $(CH^3)'(H^3)'''\equiv A\text{-}Cl$ *chlorure de méthylammonium*. — Précipitent le chlorure de platine; sont décomposés par AO^2H suivant la réaction : $AH^2R' + AO^2H = H^2O + A^2 + R'OH$ *(alcool)*.

Les *amines aromatiques* sont moins fortement *basiques*.

AMINES A FONCTIONS MIXTES : Résultent de la substitution aux H de radicaux possédant déjà une autre fonction *(alcool, aldéhyde, acide)*.

MÉTHYLAMINES: S'obtiennent par le procédé général d'Hofmann (séparat. par l'act. de l'éther oxalique).

1° *Méthylamine* AH^2,CH^3 (mercuriale): Inc. forte od. ammoniacale; très soluble dans l'eau; combustible; mêmes propriétés basiques que AH^3.

2° *Diméthylamine* $AH(CH^3)^2$: Gaz condensable à 8°; od. forte d'AH^3; très sol. dans l'eau; combustible.

3° *Triméthylamine* $A(CH^3)^3$ (vulvaire, saumure de harengs, etc.): Se dégage dans l'act. de KOH sur la *narcotine*, la *codéine*, etc.; anciennement désignée sous le nom de *propylamine* (corps isomérique):

PRÉPARATION: Retirée par distillation des vinasses de betterave.

PROPRIÉTÉS: Base très puissante comme l'AH^3 donne avec CH^3I de l'*Iodure de tétraméthylammonium* cristallisé.

USAGES MÉDICAUX: (propylamine) rhumatismes.

REMARQUE: Les combinaisons de ces trois corps avec les acides étant comparables à celles obtenues avec AH^3, sont désignées sous le nom de sels d'*ammonium composés*. Ex.: *Chlorure de méthyl, diméthyl* et *triméthylammonium*.

HYDRATE DE TÉTRAMÉTHYLAMMONIUM $(OH)-A\equiv(CH^3)^4$: Base très puissante; fixe; comparable à KOH et NaOH; obtenue par l'act. de AgO hydraté sur $I-A\equiv(CH^3)^4$.

ÉTHYLAMINES: Grandes analogies avec les *méthylamines;* moins volatiles.

ÉTHYLÈNE-DIAMINE $A^2H^6(C^2H^4)^v$: Liq. sirupeux très sol. dans l'eau.

PHÉNYLAMINE ou ANILINE $AH^2(C^6H^5)$: Huile incol. cristallise au-dessous de 8°; très réfringente; D = 1,025; bout à 184°; sav. brûlante; od. désagréable; soluble dans 30 p. d'eau; très sol. dans l'alcool, l'éther et les hydrocarbures. — Elle dissout: S, P, indigo, résines, camphre. — Réaction faibl^t alcaline. — Très *toxique*.

PRÉPARATION: Réduction du *nitrobenzène* par H naissant; mélange de fer et d'ac. acétique.

PROPRIÉTÉS: Forme des sels cristall. et incolores; solubles dans l'eau et se colorant à l'air. — Les *agents oxydants* (Bichromate et SO^4H^2), chlorure de chaux; As^2O^5; la transforme en *bleu, vert* ou *noir* d'aniline. — Le MnO^4K donne AH^3 et *azobenzol* $(C^6H^5-A=A-C^6H^5)$. — L'AO^2H à *froid* donne du *diazobenzol* $(C^6H^5-A=A-AO^2)$; à *chaud* du *phénol* $C^6H^5OH + A^2 + H^2O$. — Les halogènes, l'ac. AO^3H, l'ac. SO^4H^2 donnent des dérivés substitués dans le groupe C^6H^5. — Les chlorures acides donnent des *anilides*.

USAGES: Dans les laboratoires: eau d'aniline pour préparations bactériologiques. — Dans l'industrie: couleurs d'aniline et dérivés.

DIPHÉNYLAMINE: $AH(C^6H^5)^2$: obtenu par l'act. de l'*aniline* sur le *chlorhydrate d'aniline.* — Les matières oxydantes donnent des couleurs *bleues* ou *violettes.* — *Réactif des azotates:* Couleur bleue par act. sur sol. sulfurique de diphénylamine au centième.

MÉTHYLANILINE AH(C^6H^5)(CH^3) : Obtenue dans l'industrie par l'act. de *l'aniline* sur le CH^3Cl, sert de base au *violet d'aniline*.

TOLUIDINES ou CRÉSYLAMINES $AH^2, C^6H^4(CH^3)$ o. m. p.
La *toluidine commerciale* est la **para**.

Le *chlorhydrate de méthylaniline* chauffé à 350° pend^t 21 h. se transforme en *paratoluidine*.

BENZYLAMINES (isomériques des précédents).

NAPHTHYLAMINES $AH^2, C^{10}H^7$ (α et β).
(α) : Odeur fécale; aiguilles blanches; fus. à 50°; boul^t à 300°.
(β) : Fond à 112° ; boul^t à 294°.

PHÉNYLÈNE-DIAMINES $A^2H^4(C^6H^4)$ o. m. p.

La *métaphénylène-diamine* **1. 3.** ou *benzidine* : obt. par l'act. de l'H sur le métadinitrobenzène, est une base diacide; fortement alcaline; peu sol. dans l'eau; fond à 63°; boul^t à 287°. Les *azotites* ajoutés dans une solution d'un de ses sels (sol. sulfurique ou chlorhydrique) fait naître un précipité cristallin brun clair de *triamidoazobenzol* $C^{12}H^{13}A^3$ (*brun : de phénylène, Bismark, de Manchester*).

Réaction des azotites dans les eaux: Solut. aqueuse à 1 0/0 de *chlorhydrate de métaphénylène-diamine*, on l'ajoute directement à l'eau, puis SO^4H^2 étendu à moitié : coloration plus ou moins intense.

Amides.

DÉFINITION : Composés qui représentent des sels ammoniacaux moins de l'eau et qui donnent par hydratation des sels ammoniacaux.

On peut les envisager comme AH^3 dont les H sont remplacés par des *radicaux acides*.

Les *amides* sont aux *acides* ce que les *amines* sont aux *alcools*. — Les *imides* sont des amides particulières dérivant de AH^3 par substitution d'un radical *acide bivalent* à H^2.

CLASSIFICATION ET NOMENCLATURE: Comme pour les *amines*.

PROCÉDÉS GÉNÉRAUX D'OBTENTION : 1° Déshydratation d'un sel ammoniacal par la chaleur :

$$CH^3-COOH, AH^3 - H^2O = CH^3-COAH^2 \text{ acétamide.}$$

2° Act. de AH^3 sur un éther composé à acide organique :

$$CH^3COO.C^2H^5 + AH^3 = C^2H^5OH + CH^3COAH^2.$$

3° Act. de AH^3 sur un anhydride acide :

$$(CH^3CO)^2O + 2AH^3 = CH^3COOH, AH^3 + CH^3CO.AH^2.$$

4° Act. de AH^3 gazeux sur le chlorure d'un radical acide :

$$CH^3COCl + AH^3 = AH^4Cl + CH^3COAH^2.$$

Les *amides* sont décomposés par AO^2H en acide, H^2O et A :

$$CH^3COAH^2 + AO^2H = A^2 + CH^3COOH + H^2O.$$

Beaucoup d'*amides* sont décomposées par les *hypochlorites* et les *hypobromites alcalins*.

ACTION DÉSHYDRATANTE : 1º Les *monamides primaires* donnent des *nitriles*: ex. : $CH^3COAH^2 - H^2O = CH^3-C\equiv Az$ *(nitrile acétique, acétonitrile ou cyanure de méthyle)*; $HCOAH^2 - H^2O = O + H-C\equiv A$ *(formionitrile ou cyanure d'H ou ac. cyanhydrique)*. — 2º Les *diamides* donnent des *imides*.

FORMIAMIDE $CHOAH^2$: Liq. incol. très sol. dans l'eau et l'alcool; insol. dans l'éther.

Obtenu par les procédés généraux. — Donne CAH par déshydratation et $COOAH^4$ par hydratation.

ACÉTAMIDE $C^2H^3OAH^2$: Corps sol.; blanc; cristallin; fond à 78º; bout à 221º; soluble dans l'eau et l'alcool.

Obtenue par les procédés généraux. — Donne CH^3CA par déshydratation et $C^2H^3OOAH^4$ par hydratation.

PROPIONAMIDE ($C^3H^5OAH^2$) : Donne C^2H^5CA par déshydratation et $C^3H^5O.OAH^4$ par hydratation.

URÉE, CARBODIAMIDE ou CARBAMIDE $CO(A^2H^4)$, *diamide carbonique*. — Corps important de l'organisme. — Découverte par Rouelle en 1773. — Wœhler en a fait la synthèse en 1828.

Solide, cristallise en gros prismes; très sol. dans l'eau et dans l'alcool; très peu dans l'éther.

PRODUCTION SYNTHÉTIQUE : 1º (Wœhler) Act. de AH^3 sur COAH; il se fait du *cyanate d'ammoniaque* $COAH,AH^3$, qui se transforme en son isomère l'*urée* COA^2H^4.

2º Act. du $COCl^2$ sur $4AH^3 = COA^2H^4 + 2AH^4Cl$.

3º Act. de l'éther diéthylcarbonique sur l'AH^3:

$$CO.O^2(C^2H^5)^2 + 2AH^3 = COA^2H^4 + 2C^2H^5OH.$$

PRÉPARATIONS : 1º *Extraction de l'urine* : Évaporat. au 1/10; addition d'un égal vol. d'AO^3H, il se forme des crist. d'azotate d'urée, qu'on lave et purifie, et qu'on décompose par CO^3K^2. — Il se dégage CO^2 et il se forme AO^3K et *urée*. — On évapore à siccité et on reprend par l'alcool, qui dissout l'urée seulement.

2º *Préparation synthétique* : On prépare du cyanate de K (en chauffant cyanure jaune 2 p. et MnO^2 1 p.), et on traite à chaud par $SO^4(AH^4)^2$. Il se forme du cyanate d'AH^3 et du SO^4K^2. — Le premier se transforme en *urée*. Au bout de 24 heures, on l'extrait par l'alcool.

PROPRIÉTÉS : Fusible à 132º. — A une température supérieure, elle se décompose d'abord en *biuret* et AH^3 :

$$2COA^2H^4 = AH^3 + C^2O^4A^3H^5, \text{biuret}.$$

Si on chauffe davantage, il se produit CO^2,AH^3, *ac. cyanurique* $C^3O^3A^3H^3 = 3(COAH)$ et *ac. mélanurique* $C^3O^2A^4H^4$.

Le *biuret* est un corps blanc; très sol. dans l'eau. Sa sol., addit. de qq. gouttes de SO^4Cu, plus KOH, fournit une coloration *rouge intense*.

L'*ac. cyanurique* s'obtient encore par l'act. du Cl sur l'urée fondue.— Corps solide, inc. et inodore; peu sol. dans l'eau froide; davantage à 100°. — Donne avec les sels de cuivre un précipité violet. — Vers 360° il se décompose en 3 mol. de COAH.

L'*ac. mélanurique* ou *mélanurénique* est ins. dans l'eau froide ou chaude.

Hydratation de l'urée : à 140° (tubes scellés) et en présence des acides ou des alcalis, l'urée donne $CO^3(AH^4)^2$. — Hydratation par les ferments : *micrococcus ureæ*, *Bacillus ureæ*, quelques ferments solubles.

Act. des acides : Donnent des combinaisons cristallisées par addition directe.

Act. des bases : Donnent des composés définis; par ex. avec HgO.

Act. de l'ac. azoteux : $COA^2H^4 + 2AO^2H = 4A + CO^2 + 3H^2O$ (réactif de Millon : mél. d'azotate mercureux et mercurique).

Act. de l'eau chlorée : $COA^2H^4 + H^2O + 6Cl = 2A + CO^2 + 6HCl$.

Act. des hypochlorites et hypobromites alcalins : $COA^2H^4 + 3BrONa + 2NaOH = 3NaBr + CO^3Na^2 + 3H^2O + 2A$.

URÉES COMPOSÉES : 1° *Aminurées :* corps résultant du remplacement d'un ou des H de l'*urée* par des radicaux alcooliques.

PRÉPARATION : 1° Act. de AH^3 sur les isocyanates alcooliques

$$COA,C^2H^5 + AH^3 = COA^2H^3(C^2H^5)^1 \text{ éthylurée}.$$

2° Act. des monamides primaires sur l'ac. isocyanique

$$COAH + AH^2(CH^3) = COA^2H^3(CH^3) \text{ méthylurée}.$$

2° *Amidurées ou uréides* corps résultant du remplacement d'un ou des H de l'*urée* par des radicaux acides.

PRÉPARATION : 1° Act. des chlorures acides sur l'urée.

$$COA^2H^4 + CH^2COCl = COA^2H^3(CH^2CO) \text{ acétylurée} + HCl.$$

2° Déshydratation des mélanges ou des combinaisons de l'urée avec les ac. organiques.

URÉIDES OXALIQUES : *Acide oxalurique* $COA^2H^3(C^2O^3.OH)^1$.—Poudre crist.; légèrement sol. dans l'eau.

Acide parabanique $COA^2H^2(C^2O^2)''$ oxalylurée. — Corps crist.; très sol. dans l'eau.

Obtenu par l'act. de AO^3H sur l'ac. *urique* $C^5H^4O^3A^4$ ou sur l'*alloxane* $C^4H^2O^4A^2$.

Les alcalis le transforment en ac. oxalurique.

URÉIDES GLYOXYLIQUES : *Acide allanturique* $COA^2H^3(COH.CO)'$. — Corps déliquescent obtenu par hydratation de l'allantoïne.

Allantoïne (diuréide) $C^2O^2A^4H^6(C.CO)''$ (urine de veau). — Corps crist.; peu sol. dans l'eau froide.

PRÉPARATION : 1° Act. de chaleur sur mélange d'urée et d'ac. glyoxylique;

2° Oxydation de l'ac. urique par PbO^2.

L'eau de baryte la décompose à chaud en AH^3 et $(COO)^2Ba''$.

URÉIDE MALONIQUE : *Acide barbiturique* ou *malonylurée* $COA^2H^2(CO.CH^2.CO)'' + 4H^2O$. — Corps crist.; obt. par l'act. de $POCl^3$ sur urée et ac. malonique, ou par l'oxydation de l'ac. urique.

URÉIDE MÉSOXALIQUE ou DE L'ACIDE (COOH—CO—COOH): *Acide alloxanique* $COA^2H^3(COOH—CO—CO)'$. — Corps sol. dans l'eau et l'alcool; obtenu par l'hydratation de l'*alloxane* sous l'influence des alcalis. — Donne par oxydation (AO^3H): CO^2 et ac. parabanique.

Alloxane $COA^2H^2(CO—CO—CO)'' + $ aq. — Corps crist.; sol. dans l'eau et l'alcool.

Obtenu par l'oxydation de l'acide urique $C^5H^4O^3A^4$.

Transformée par perte d'O en *alloxantine* et en *ac. dialurique* ou uréide tartronique $COA^2H^2(CO—CHOH—CO)''$.

Alloxantine. — Corps formé avec perte de H^2O d'une mol. d'alloxane et d'une mol. d'ac. dialurique. — Cristallise avec $3H^2O$. — Se combine à l'AH^3 pour donner la *murexide* ou *purpurate d'ammoniaque*, corps qui peut cristalliser; soluble dans l'eau; possédant une belle coloration pourpre (voyez Ac. urique).

OXAMIDE $C^2O^2(A^2H^4)$: Poudre blanche crist.; insol. dans l'eau froide, l'alcool et l'éther; un peu sol. dans l'eau chaude. — Obtenue par les procédés généraux.

Donne par déshydratation énergique C^2A^2 *(nitrile oxalique* ou *cyanogène libre)*; et $C^2O^4(AH^4)^2$ par hydratation.

SUCCINAMIDE $C^4H^6(A^2H^4)$: Corps solide, inc., un peu soluble dans l'eau; insoluble dans alcool et éther.

CARBIMIDE ou ACIDE PSEUDOCYANIQUE $CO''(AH)$ *imide carbonique*; corps liquide, mobile, odeur forte; très instable, se transformant de lui-même en *cyamélide* $(COAH)^3$.

PRÉPARATION : Distillation fractionnée de l'*ac. cyanurique* $(COAH)^3$ ou de la cyamélide.

PROPRIÉTÉS: Dédoublée par l'H^2O en CO^2 et AH^3. — Forme avec les alcalis des isocyanates $CO''AM'$ qui, chauffés avec un excès de base, donnent CO^2 ou $CO^3M'^2$ et AH^3.

L'H naissant donne de la *formiamide* $COAH + H^2 = AH^2(CHO)$.

Les *éthers isocyaniques* se préparent par l'act. des *sels des ac. sulfalcooliques* sur l'*isocyanate de K*.

$$COAK + SO^4,CH^3,K = SO^4K^2 + COA(CH^3).$$

Composés peu stables, se transformant en éthers cyanuriques isomériques. Ils sont décomposés par les alcalis en carbonates et en monamines primaires :

$$COA,CH^3 + 2KOH = CO^3K^2 + AH^2(CH^3).$$

ISOCYANATE DE POTASSIUM COAK, *cyanate de* K : Corps crist. en lamelles; fusible au rouge; très sol. dans l'eau; sol. à chaud dans l'alcool à 85°; ins. dans l'alcool absolu.

Préparation : Act. de chaleur sur mél. bien sec de cyanure jaune 2 p. et MnO^2 1 p. — Après refroidissement, on épuise par l'alcool à 82°.

Ce composé permet d'obtenir les autres cyanates par double décomposition.

Isomérie : La carbimide ou ac. isocyanique COAH construite ainsi : O-C=A-H, est *isomérique* avec le corps A≡C-O-H, qui est le *véritable acide cyanique*, dans lequel se trouve le radical *cyanogène* A≡C-.

L'ac. cyanique et les *cyanates vrais* sont peu connus.

Les *éthers cyaniques vrais* le sont davantage; on les obtient par l'act. du chlorure de cyanogène sur les dérivés sodés des alcools :

$$A≡C-Cl + CH^3ONa = NaCl + A≡C-O-CH^3 \text{ (éther méthylcyanique)}.$$

Ces éthers sont saponifiables par les alcalis, comme les éthers ordinaires : $A≡C-O-CH^3 + KOH = CH^3OH + A≡C-O-K$; mais le cyanure A≡C-O-K, peu stable, se décompose.

COMPOSÉS CORRESPONDANTS SULFURÉS : Au CO^2 et à ses dérivés correspondent les corps suivants :

Anhydride sulfocarbonique CS^2 ou *sulfure de carbone* qui s'unit aux sulfures alcalins pour donner des *sulfocarbonates* solubles, notamment un sulfocarbonate acide et un sulfoc. neutre d'ammonium $CS^3H(AH^4)$ et $CS^3(AH^4)^2$.

Du premier dérivent : l'*ac. sulfocarbamique* $CS^3H(AH^2)$ et la *sulfocarbimide* ou *ac. isosulfocyanique* CASH.

Du deuxième dérive la *sulfurée* $CS(A^2H^4)$.

Acide isosulfocyanique : Liq. inc.; forte odeur acétique; non vénéneux; bout à 100°; très sol. dans l'eau. — Obtenu par la décomposition de ses sels métalliques par H^2S. — Précipite les sels de : Ag, Pb, Hg. — Colore en rouge sang les persels de fer (existe dans la salive).

Isosulfocyanate de potassium (sulfocyanure de K) — sel blanc très hygrométrique.

Préparation : Act. du rouge sombre sur mél. de cyanure jaune et de S. On le retire de la masse où il est mélangé avec d'autres produits.

Usages et propriétés : Sert à obtenir les autres isosulfocyanates. — Réactif des persels de fer — chauffé avec SO^4H^2 il donne COS ou *gaz de Thaun*, corps combustible, flamme bleue qui donne CO^2 et SO^2.

Isosulfocyanate d'ammoniaque : Se trouve dans les eaux de lavage du gaz de l'éclairage. — Obtenu par l'act. de la chaleur sur le sulfocarbonate d'ammonium qui perd H^2S. Sel cristallisé; il a été utilisé en photographie pour dissoudre AgCl; il se transforme par la fusion et l'action prolongée de la chaleur en son isomère la *sulfurée*.

Isosulfocyanate de mercure (serpent de Pharaon) : Poudre blanche, insoluble. — Obtenue par double décomposition. — Elle brûle en dégageant un mélange gazeux qui renferme de la vapeur de Hg et un résidu solide, extrêmement boursouflé, qui contient du *mellon* $C^9A^{13}H^3$.

Éthers : Il existe : 1° des éthers *vrais* ou *sulfocyanates alcooliques :* $A \equiv C-S-R'$ ou $(CA)-S-R'$.

2° Des éthers *faux* ou *isosulfocyanates alcooliques :* $S=C=A-R'$ ou sulfocarbimides.

L'éther *allylisosulfocyanique* ou la *sulfocarbimide allylique* SCA,C^3H^5 n'est autre chose que l'*essence de moutarde*.

CYANAMIDE CA^2H^2 ou $AH^2(CA)'$, amide de l'ac. isocyanique — *nitrile carbonique*. Corps crist.; incolore; fond à 40°; soluble dans l'eau.

PRÉPARATION : Act. du chlorure de cyanogène sur l'AH^3 dissous dans l'éther.

PROPRIÉTÉS ET TRANSFORMATIONS : 1° Fixe H^2O (sous l'influence de AO^3H) pour donner l'urée qui est l'isomère du cyanate d'ammoniaque. — 2° Se transforme spontanément et lentement en un polymère le *Param*. — Chauffé à 190° il se transforme en un autre polymère, la *mélamine* $(CA^2H^2)^3$ ou *cyanuramide*, c'est l'amide de l'*ac. cyanurique*.

L'AH^3 la transforme en *guanidine :* $CA^2H^2 + AH^3 = CA^3H^5$ *guanidine* qu'on peut représenter par : $(AH^2)^2=C=(AH)^v$.

Les ammoniaques composées donnent des *guanidines substituées*.

Ex. : 1° $CA^2H^2 + AH^2(CH^3) = AH^2,AH(CH^3)=C=(AH)^v$ *méthylguanidine*.

2° $CA^2H^2 + AH(CH^3)(CH^2COOH) = AH^2,A(CH^3)(CH^2COOH)=C=(AH)^v$

$\underbrace{\qquad\qquad\qquad}_{\text{méthylglycocolle ou sarcosine.}}$ $\underbrace{\qquad\qquad}_{\text{créatine.}}$

Ces *guanidines* donnent par hydratation (act. des alcalis) de l'AH^3 simple ou composée et de l'urée :

$\underbrace{AH^2,A(CH^3)(CH^2COOH)=C=(AH)^v}_{\text{créatine.}} + H^2O = \underbrace{COA^2H^4}_{\text{urée.}} + \underbrace{AH(CH^3)(CH^2COOH)}_{\text{sarcosine.}}$

Composés amides divers.

1° *Alcalamide* ou *amine-amide :* ACÉTANILIDE $A'H'(C^6H^5)'(C^2H^3O)'$, *antifébrine*. — Petits cristaux blancs; fond vers 110°; bout à 259°; inod.; insipide; peu sol. dans l'eau froide; sol. dans l'eau bouillante, l'alcool, l'éther, le benzène et les essences. — Donne de la *carbylamine* lorsqu'on la chauffe avec une sol. alcool. de KOH et de $CHCl^3$.

PRÉPARATION : 1° Act. du chlorure d'acétyle sur l'aniline. — 2° Act. de l'ac. acétique crist. sur l'aniline.

USAGES MÉDICAUX : En cachets contre les douleurs nerveuses. *Antipyrétique*.

Exalgine : C'est de la méthylacétanilide. — Corps crist.; odeur framboisée, surtout à chaud; un peu sol. dans l'eau; assez dans l'alcool; fusible et combustible; flamme fuligineuse avec odeur d'aniline.

USAGES MÉDICAUX : Analgésique.

2° *Amine-alcool :* NÉVRINE OU HYDRATE DE TRIMÉTHYLHY-

DROXÉTHYLÈNEAMMONIUM $(OH)'$-$A\equiv(CH^3)^3(C^2H^4OH)'$ (choline). — Subst. inc.; très sol. et très alcaline. — *Toxique*. — Obtenue par Wurtz par l'act. de la monochlorhydrine du glycol sur la triméthylamine : $A(CH^3)^3 + C^2H^4(OH)Cl = Cl-A\equiv(CH^3)^3(C^2H^4OH)$, que l'AgO humide transforme en *hydrate* (fonction alcoolique).

Par *oxydation* (AO^3H), ce corps perd (H^2) et donne la *muscarine*.

3° *Amine-aldéhyde* : MUSCARINE (OH)-$A\equiv(CH^3)^3(C^2H^2OH)$ (fonction aldéhydique). — Base *très vénéneuse (Agaricus muscarius)*.

La muscarine oxydée et déshydratée, à son tour, donne la *bétaïne* ou *oxynévrine* $C^5H^{11}O^2$ (betterave) (fonction acide).

4° *Amine-acide:* GLYCOLAMINE ou GLYCOCOLLE $A'''H^2(CH^2-COOH)'$ (sucre de gélatine). — Cristaux durs; saveur sucrée; fus. à 170°; sol. dans l'eau.

Obtenue synthétiquement par act. de l'AH^3 sur l'éther bromacétique et traitement du produit par HCl.

PRÉPARATION : 1° Ébullition prolongée de la *gélatine* avec SO^4H^2. — 2° Dédoublement de l'*ac. hippurique*.

SARCOSINE $A'''H'(CH^3)'(CH^2COOH)'$ *méthylglycocolle :* produit de dédoublement de la *créatine*.

AUTRES PRODUITS COMPARABLES ET HOMOLOGUES SUPÉRIEURS : *Alanine, butalanine,* leucine et tyrosine.

ACIDE ASPARTIQUE $A'''H^2(C^4H^3O^4H^2)'$, ac. *aminomalique :* dérive de l'*asparagine* ou *amide aspartique*. — Se combine avec les acides et est en même temps un ac. bibasique.

5° *Amide-alcool:* GLYCOLAMIDE $A'''H^2(CO,CH^2OH)'$ (isomérique de la *glycolamine*). — Corps crist., fusible à 120°.

6° *Amide-phénol :* SALICYLAMIDE $AH^2-[CO-(C^6H^4)''-(OH)]'$: paillettes jaunes; fus. à 142°. — Obtenue par l'act. de AH^3 sur l'*éther méthylsalicylique*.

7° *Amide-acide:* ACIDE CARBAMIQUE $A'''H^2(COOH)'$ n'a pas été isolé. — L'act. de CO^2 sec sur $2AH^3$ donne du carbamate d'ammonium.

Carbamate d'éthyle $A'''H^2(COO,C^2H^5)$ ou *uréthane*.

ACIDE OXAMIQUE $A'''H^2(CO,COOH)'$. — Poudre cristalline; fus. à 173° acide monobasique.

ACIDE HIPPURIQUE $A'''H(CH^2COOH)'(C^6H^5CO)'$: crist. prism. incol.; très peu sol. dans l'eau. — Se trouve dans l'urine des herbivores à l'état de sel et d'où on l'extrait par évaporation et traitement par HCl. — Obtenu synthétiquement. — Se dédouble par hydratation en *glycocolle* et *ac. benzoïque*.

8° *Amine-amide-acide:* ASPARAGINE $C^4H^8O^3A^2$. Amide de l'ac. aspartique. — Existe dans les asperges et les tiges étiolées. — Cristaux durs et cassants; solubles dans l'eau; lévogyres. — Donne par hydratation de l'*aspartate d'ammoniaque.*

9° *Autres dérivés :* PHÉNÉTIDINES ou PHÉNÉDINES $A'''{}_1H'(CH^3CO)'(C^6H^3,OC^2H^5{}_{2,3,4})'$ o. m. p. Acétamidoéthylphénol. — Corps solides blancs; presque insolubles dans l'eau froide. — *Non toxiques.*

USAGES MÉDICAUX: Antipyrétiques et analgésiques.

SACCHARINE $AH(-CO-C^6H^4-SO^2-)^v$: Anhydride interne de l'ac. *orthosulfamidobenzoïque* (sucre de houille). — Poudre blanche amorphe; inodore; saveur extrêmement sucrée (250 à 300 fois celle de la saccharose); fond vers 120°; bout vers 150° et brûle avec flamme fuligineuse; sol. dans 225 p. d'eau froide; sol. dans l'alcool et l'éther.

PRÉPARATION : Transformation du toluène en dérivé orthosulfoné, qu'on transforme en sel de Na et en chlorure orthotoluénosulfonique que l'AH^3 décompose en donnant AH^4Cl et $C^6H^4(CH^3SO^2AH^2)^v$ ou orthotoluénosulfamide. — L'oxydation énergique (MnO^4K) transforme le groupe CH^3 en COOK, ou sel de K de l'ac. orthosulfamidobenzoïque, qui, décomposé par un acide énergique, donne l'anhydride ou *saccharine.*

PROPRIÉTÉS : Décomposée par les alcalis en sulfate et salicylate alcalin.

USAGES : Succédané de la saccharose, — antifermentescible; emploi prohibé pour les substances alimentaires. — Sa recherche.

Nota. — La méthylsulfimide benzoïque a un pouvoir sucrant encore plus énergique.

Amines aromatiques complexes et matières colorantes qui en dérivent.

GÉNÉRALITÉS: On connaît des triamines et des tétramines aromatiques. L'un de ces corps dérive du *triphénylméthane* $H-C\equiv(C^6H^5)^3$. Il a pour formule $H-C\equiv(C^6H^4AH^2)^3$ *triphénylméthanetriamine* ou *paraleucaniline,* obtenu par réduction du *triphénylméthane trinitré.* C'est une poudre blanc-rosée; fusible vers 100°; insol. dans l'eau; sol. dans l'alcool se colorant à l'air.

Les *oxydants* la transforment en *triphénylméthanetriamine carbinol* ou *pararosaniline* $HO-C\equiv(C^6H^4AH^2)^3$, dont l'homologue supérieur (CH^2) est la *rosaniline* $OH-C\equiv(C^6H^4AH^2)^2(C^6H^3CH^3AH^2)$ et dont le *chlorhydrate* est la *fuchsine.* — Il peut exister de très nombreux isomères de ces composés.

ROSANILINE : Triamine — Corps presque incolore; presque insol. dans l'eau; un peu sol. dans l'alcool et dans l'éther.

PRÉPARATION: 1° Par l'act. des alcalis sur son chlorhydrate ou fuchsine. — 2° Par l'oxydat. de *l'aniline* par du *nitrobenzène* en présence de Fe et HCl.

PROPRIÉTÉS : Donne trois séries de sels tous colorés. — Les corps réducteurs enlèvent O et donnent de la *leucaniline incolore* (corps basique dont les sels sont incolores, mais qui s'oxydent en se colorant à l'air).

Les sels *monacides* sont bien cristallisés (cristaux verts). — Ils donnent des solutions rouges, teignant la laine et la soie.

Les sels *triacides* sont jaunes et ne colorent pas.

Le monochlorhydrate s'appelle : *fuchsine*; l'azotate : *azaléine*.

ROUGES : *Fuchsine* ou *monochlorhydrate de rosaniline* obtenue par l'act. 1° de l'ac. arsénique sur l'aniline commerciale (produit arsenical). — 2° Du nitrobenzène sur l'aniline en présence d'un réducteur.

RECHERCHE DE LA FUCHSINE DANS LES VINS : Addition d'AH^3, agitation avec éther pur qui dissout la leucobase incolore, décantation et évaporation de l'éther en présence d'un brin de laine blanche qui se colore en *rose*.

Les fuchsines ont des compositions et des nuances variables : *magenta, solférino, roséine*, etc.

Sulfofuchsines: Dérivés sulfonés libres ou combinés à la soude des fuchsines. — Très sol. dans l'eau. — (Col. art. des vins) Ne se retrouve pas par les réactions de la fuchsine. — PbO^2, MnO^2 ne la décolorent pas et décolorent les autres matières rouges.

VIOLETS: *V. de diméthylamine* ou *v. de Paris*.

V. de triméthyl ou *triéthylaniline* ou *v. d'Hoffmann*.

V. de mono et de diphénylaniline ou *v. impérial*.

V. à l'aldéhyde: Résultant de l'act. de l'aldéhyde sur la rosaniline.

V. de perkin ou *mauvéine* : Obtenue en oxydant l'aniline.

BLEUS : *Bl. de Lyon ou de Paris:* Chlorhydrates de tri et tétraphénylaniline insoluble dans l'eau; sol. dans l'alcool.

Le dérivé sulfoconjugué est soluble, *bleu soluble*.

VERTS : *V. de méthyl et d'éthylrosaniline :* Obtenu en substituant tous les H de la rosaniline par CH^3 ou C^2H^5. (V. Lumières.)

V. à l'aldéhyde: Obtenu par l'action de l'hyposulfite de soude sur le *violet* à l'aldéhyde (il renferme du soufre).

V. à l'iode : Obtenu par l'act. de l'acétate de rosaniline sur CH^3I et CH^3OH.

JAUNES : *Sels de chrysaniline:* C'est une base qui se produit en même temps que la rosaniline et qui en diffère par H^2 en moins.

Chrysotoluidine : Obt. par oxydation de la paratoluidine par As^2O^5.

NOIR : Obtenu par l'oxydation de l'aniline par le bichromate et SO^4H^2.

Appendice aux amides aromatiques.

INDOL ET SES DÉRIVÉS : INDOL C^8H^7A : Corps sol. incol.; fond à 52°; bout à 245°; soluble dans l'eau chaude; sol. dans l'alcool et l'éther; odeur fécaloïde (fermentation pancréatique).

SYNTHÈSE : Réduction de l'ac. *orthonitrocinnamique*

$$C^6H^4(AO^2)'(C^3H^2O^2H)' = CO^2 + O^2 + C^6H^4(-A=CH-CH^2-)''$$

PROPRIÉTÉS : Base faible. — Les solutions donnent un précip. rouge par AO^2H. — A l'indol se rattachent les corps suivants :

1° L'*oxyndol* C^8H^7OA et le *dioxyndol* $C^8H^7O^2A$, desquels l'indol dérive par réduction.

2° L'*indigotine* C^8H^5OA et l'*isatine* $C^8H^5O^2A$, laquelle dérive par oxydation de l'indigotine, et donne par réduction le dioxyndol, l'oxyndol et l'indol.

INDIGO : Produit bleu sous forme de morceaux durs et compacts prenant un aspect métallique par la rayure de l'ongle; insoluble dans l'eau et extrait par fermentation et oxydation d'une matière spéciale l'*indican*, qu'on trouve en dissolution dans le suc d'un très grand nombre de plantes *(Indigofera* (Lég.), *Polygonum tinctorium, Isatis tinctoria)* et dans quelques urines normales ou pathologiques. — Il renferme de l'*indigotine* et des impuretés.

Indigotine ou *indigo bleu* $C^6H^4=(-A=CH-CO-)^v$: Peut s'obtenir par sublimation de l'indigo brut. C'est la matière bleue de l'indigo. — Cristaux microscopiques; bleu foncé avec reflets cuivrés; insipide, inodore; ins. dans l'eau, très peu dans l'alcool et l'éther. — Synthèse de l'indigotine.

PROPRIÉTÉS: Sol. dans SO^4H^2 concentré ou fumant en donnant les ac.: *sulfoindigotique* (disulfoné) et *sulfopurpurique* (monosulfoné); solubles dans l'eau et capables de former des sels : Na, K.

Les agents réducteurs transforment l'*indigo bleu insoluble* en *indigo blanc soluble* (sucre, SO^4Fe et KOH, hydrosulfites de Na).

L'indigo *blanc*, au contact de l'air, reprend sa couleur *bleue*.

TEINTURE A L'INDIGO : Cuves au sulfate de fer et à l'hydrosulfite.

Isatine : Produit par l'oxydation (AO^3H) de l'indigotine; couleur jaune rougeâtre; saveur amère; transformé par KOH en ac. *isatique*.

Hydrazines et composés azoïques.

HYDRAZINES : Composés renfermant le groupement $=A-A=$ et obtenus par la réduction (act. de H naissant) des *dérivés nitrosés* des amines ou amides secondaires ou tertiaires, lesquels résultent eux-mêmes de l'act. de AO^2H sur les amines ou amides secondaires ou tertiaires. Exemples :

$A'''HR'^2$ transformé en $A'''(AO)'R'^2$ devient : $A'''(AH^2)'R'^2$.
$A'''H(C^6H^5)^2$ id. $A'''(AO)(C^6H^5)^2$ id. $A'''(AH^2)(C^6H^5)^2$.
diphénylamine   nitrosodiphénylamine   diphénylhydrazine

Les hydrazines dérivant par substitution du groupe $H^2=A-A=H^2$ peuvent donner des dérivés primaires, secondaires, tertiaires et quaternaires.

Les hydrazines primaires ont pour formule : $R'H=A-A=H^2$.

Les hydrazines secondaires peuvent avoir les formules : $R'R'=A-A=H^2$

dissymétriques, ou bien R'H=A-A=HR' symétriques. On les appelle, dans ce dernier cas, des hydrazoïques.

PROPRIÉTÉS : Corps s'unissant aux acides et aux aldéhydes et donnant des produits de substitution. — Facilement oxydables. — Agissent comme des corps réducteurs.

COMPOSÉS AZOÏQUES : Formés par deux restes d'amines, simples ou mixtes, unis par l'azote : R'-A=A-R'.

PRÉPARATIONS : 1° Par l'act. des amines aromatiques sur les dérivés nitrosés. Exemple :

$$C^6H^5-A=H^2 + O=A-C^6H^5 = H^2O + C^6H^5-A=A-C^6H^5.$$

phénylamine — nitrosophénol — azobenzol

2° Par l'oxydation des monamides aromatiques par le MnO^4K. Ex. :

$$C^6H^5-A=H^2 + C^6H^5-A=H^2 + O^2 = 2H^2O + C^6H^5-A=A-C^6H^5.$$

3° Par la réduction incomplète des dérivés nitrés par H. Ex. :

$$2C^6H^5(AO^2) - O^4 = C^6H^5-A=A-C^6H^5.$$

PROPRIÉTÉS GÉNÉRALES : Composés généralement stables. — Les noyaux aromatiques qu'ils renferment conservent leurs caractères de pouvoir être modifiés par substitution (Cl, Br, SO^3H', etc.). — Ils n'ont pas de fonctions propres ; celles-ci dépendent des modifications apportées dans les noyaux aromatiques soudés. — Sur les deux liens qui unissent entre eux les deux atomes d'A, l'un peut facilement se rompre et le composé devient radical bivalent susceptible de s'unir directement avec : O *oxyazoïques* ou H^2 *hydrazoïques*, etc.

COMPOSÉS DIAZOÏQUES : Formés d'un reste bivalent d'amine R'A= unis à =A-OH ou à un de ses dérivés directs, toujours électro-négatif. — Composés très instables et détonants. — Les dérivés *sulfonés* sont plus stables et moins explosifs.

PRÉPARATION : S'obtiennent par l'act. de l'acide nitreux AO^2H, *à froid*, sur les substances aromatiques amidées dissoutes ; ou mieux sur leurs dérivés sulfonés.

PROPRIÉTÉS : Ils peuvent fixer 2R'. — Leurs fonctions dépendent de la nature des restes unis par l'A. — Les dérivés sulfonés sont de véritables acides capables de former des sels avec K, Na, etc. — Ces sels sont souvent fortement colorés.

PRINCIPALES MATIÈRES COLORANTES AZOÏQUES :

Orangé n° 1 : Obtenu par l'act. du dérivé azoïque de l'ac. sulfanilique par le naphtol α.

Orangé n° 2 : Act. du dérivé azoïque de l'ac. sulfanilique sur le naphtol β.

Orangé n° 3 ou *méthylorange* : Act. du dérivé azoïque de l'ac. sulfanilique para sur la diméthylaniline. — Subst. soluble ; rouge orangé ;

virant au jaune par les ac. forts (réactif acidimétrique non influencé par CO^2)..

Tropéolines: Noms également donnés aux composés précédents et à ceux obtenus par l'act. du même dérivé azoïque sur la diphénylamine.

Ponceaux: Act. des dérivés disulfonés du naphtol β sur les dérivés azoïques de la: *xylidine* (ponceau R); *cumidine* (ou bien sur l'amidoazobenzoldisulfoné) (Ponceau RR); *naphthylamine* α (Bordeaux) (coloration artificielle des vins). — Le *rouge de Biebrich* est le sel de soude du dérivé doublement azoïque: β-naphtol-azobenzol-azobenzol-disulfonique.

Rocelline: Act. de la diazonaphthylamine monosulfonée sur le naphtol β (remplace l'orseille). — Le *rouge soluble* est le sel de soude sulfoconjugué de la rocelline. — Soluble; teinte vineuse (col. artif. des vins).

Safranine: Act. de l'orthodiazoamidotoluol sur la toluidine.

Brun: d'aniline, Bismarck, de Manchester, de *métaphénylène-diamine. Vésuvine ou triamidoazobenzol:* Obtenus par l'act. de AO^2H sur la métaphénylène-diamine.

Chrysoïdine (orange): Chlorhydrate de métadiamidodiazobenzol.

Jaune d'aniline ou *amidoazobenzol:* Act. de AO^2H sur l'aniline.

Dérivés cyanogénés.

GÉNÉRALITÉS : Ces corps peuvent être considérés comme dérivant du *nitrile formique* CAH (c.-à-d. du produit de la déshydratation complète du formiate d'ammoniaque) par la substitution de divers radicaux à l'H. — Les radicaux se trouvent réunis par l'intermédiaire du C au groupement $(-C\equiv A)'$, auquel on donne le nom de *cyanogène*. — Les produits dans lesquels se trouve CA (qu'on représente souvent par Cy) portent le nom de *cyanures* ou qqf. de *nitriles*.

Nous allons étudier les corps suivants : acide cyanhydrique, cyanogène, cyanures métalliques simples et complexes, cyanures alcooliques et enfin les isocyanures.

ACIDE CYANHYDRIQUE $(C\equiv A)H$. *Acide prussique, formionitrile* (Cy'H): liq. incol. mobile; odeur forte rappelant les amandes amères; $D = 0,69$; il cristallise et fond à $-14°$; bout à $26°$; très solub. dans l'eau. — Ce corps se forme dans certaines plantes au détriment du glucoside l'*amygdaline* qui existe dans : noyaux de fruits, abricots, prunes, cerise, laurier-cerise et amandes amères.

$$C^{20}H^{27}AO^{11} + 2H^2O = CAH + 2C^6H^{12}O^6 + C^7H^6O.$$

SYNTHÈSE : *a.* Déshydratation de la formiamide.

b. Union de C^2H^2 et A^2 (étincelles d'induction).

PRÉPARATION : 1° (Gay-Lussac) : On fait passer un courant d'HCl sec sur cyanure de mercure.

2° Décomposition du cyanure de mercure par H^2S.

3° On chauffe un mélange de 1000 p. de ferrocyanure de K avec 800 p.

de SO^4H^2 et 1100 p. d'H^2O. — Tube ascendant, — tube à chlorure de calcium, — ballon tiède, — récipient refroidi avec glace.

$$2(Cy^6FeK^4) + 3SO^4H^2 = 3SO^4,K^2 + 6CyH + Cy^6Fe, K^2Fe.$$

4° Procédé Clarke : ac. tartrique, 4 gr.; CyK, 1 gr. 6; H^2O, 30 gr. *L'acide officinal* est étendu à 1/10^m.

Propriétés : L'acide cyanhydrique brûle avec une flamme violacée. — Pur, il se conserve indéfiniment. — En présence de qq. impuretés (AH^3), il s'altère et donne un dépôt brun noirâtre, duquel l'alcool, l'éther, le sulfure de carbone et même l'eau enlèvent une partie soluble et crist. l'ac. *tricyanhydrique* ou *protazulmine*. — La chaleur est presque sans action sur lui. — L'étincelle électrique le décompose en C^2H^2 et A^2. — Le Cl et le Br donnent CyCl et CyBr, etc., le Cy^3Cl^3 est solide cristallisé. — La solution aqueuse de CyH s'altère quand elle est moyennement concentrée (addition d'acide). — Chauffé avec eau, CyH se décompose avec dégagement d'AH^3 et formation de divers produits : *xanthine, méthylxanthine*. — Chauffé avec H^2O à 200°, il y a formation de CHO,OAH^4.

Ce corps n'est pas à proprement parler un acide; il n'est pas comparable à HCl, HBr et HI; toutefois, il s'unit aux oxydes métalliques avec élimination de H^2O pour former des *cyanures*.

Recherche analytique : Odeur spéciale. — 1° AO^3,Ag donne : précip. blanc sol. dans AH^3; ins. à froid dans AO^3H; s'y dissout après longue ébullition. — Ce précipité traité par Zn et SO^4H^2 donne CyH. Il est décomposable par la chaleur en Cy, qu'on peut caractériser en le brûlant. Traité par I il fournit de jolies aiguilles blanches de CyI. — 2° Les solut. de CyH sont addit. de qq. g^{ttes} de sulfate ferreux et de sulfate ferrique, puis de KOH. On redissout dans HCl étendu et on voit apparaître du bleu de Prusse. — 3° La solut. est addit. de sulfhydrate jaune d'AH^3 et on chauffe jusqu'à décoloration, puis on ajoute une g^{tte} de Fe^2Cl^6. On obtient une coloration rouge sang. — 4° CyH neutralisé par alcali, puis chauffé avec de l'ac. picrique, donne une coloration rouge intense d'isopurpurate alcalin.

Dosages : 1° Méthode pondérale : Précipitation par AO^3,Ag en liq. légèrement acidulée par AO^3H. On laisse déposer, on recueille sur un petit filtre taré que l'on lave, sèche et pèse. On peut calciner dans creuset de porcelaine, il reste l'Ag.

2° Méthodes volumétriques : *a (Liebig)* : On ajoute à la solut. de la potasse et qq. g^{ttes} de NaCl, puis une solut. de N/$_{10}$ (décime) d'AO^3,Ag jusqu'à trouble persistant.

Il se forme d'abord un précipité de cyanure double soluble CAAg,CAH., puis l'excès d'AO^3Ag précipite ensuite NaCl.

b (Fordos et Gélis) : On neutralise la liq. et on y ajoute de l'eau de seltz pour transformer les carbonates en bicarbonates : puis une solut. N/$_{10}$ d'I jusqu'à ce que la couleur jaune apparaisse (on peut employer l'amidon).

CyK + 2I = CyI + KI (2 Eq. d'I correspondent à 1 Eq. de CyH).

c (Buignet) (applicable à l'eau de laurier-cerise). — Lorsqu'on verse du sulfate de cuivre dans du cyanhydrate d'AH³ avec excès d'alcali, ce dernier est décomposé et il se forme du cyanure double de cuivre et d'ammoniaque soluble et incolore. Lorsque tout CAH a été ainsi utilisé, un excès de sulfate de cuivre donne avec AH³ du bleu céleste.

(La solut. Buignet renferme 23 gr. 09 0/00 de sulfate de cuivre crist.)

ACTION DE CyH SUR L'ÉCONOMIE : Poison violent pour les animaux et les végétaux; c'est un antiseptique. — Ses effets sont presque foudroyants; il paralyse le bulbe. (Une goutte dans l'œil ou sur la langue d'un chien lui donne presque aussitôt une attaque tétanique : les membres sont étendus, la tête rejetée en arrière. Les convulsions se succèdent, la pupille se dilate, les mâchoires se serrent, la respiration s'arrête et l'animal meurt en quelques secondes.)

On combat les accidents provenant de son inhalation au moyen du chlore. — Si l'acide a été introduit dans l'estomac, on fait absorber du sulfate de fer 3 à 4 gr. et autant de bicarbonate de soude, pour former du bleu de Prusse qui est inoffensif. — On doit en même temps recourir aux affusions d'eau froide et aux inhalations d'air chloré.

RECHERCHE : Distillation et réactions sur le liquide distillé. — *Réact. de Schönbein :* add. d'une g^{tte} de SO⁴Cu au 1/1000 et qq. g^{ttes} de teinture récente de gaïac, on obtient une coloration bleue sensible alors même que les solutions sont diluées au cent millième.

CYANOGÈNE LIBRE (CA)² *nitrile oxalique* — Gaz incol.; od. spéciale; D = 1,806; liquéfiable et solidifiable; sol. dans l'eau et l'alcool. — Sa solut. aqueuse se décompose — très toxique.

SYNTHÈSE : 1° Distillat. sèche de l'oxalate d'AH³ ou de l'oxamide.

PRÉPARATION : Distillat. sèche du cyanure de mercure (paracyanogène ou cyanogène polymérisé, corps solide et brun).

PROPRIÉTÉS : Combustible, flamme pourpre donne CO et A ; — s'unit à l'H au rouge sombre ou sous l'act. de l'étincelle électrique pour donner CAH. — L'H naissant (HI à 280°) donne C²H⁶ et AH³. — Il s'unit directement à froid ou à chaud avec les métaux. — L'hydratation (act. des acides) donne de l'*oxamide* et de l'*oxalate d'ammoniaque*. — Les alcalis décomposent le cyanogène en produisant des matières brunes, des cyanures et des cyanates.

CYANURES MÉTALLIQUES : Le premier cyanure connu a été le *bleu de Prusse*. — La source de tous ces composés se trouve dans le *ferrocyanure de potassium* qui est un cyanure double.

FERROCYANURE DE POTASSIUM Cy⁶FeK⁴ + 3H²O ou : *cyanoferrure, prussiate jaune, cyanure jaune de potassium*. — Cristaux tabulaires, dérivés du prisme rhomboïdal oblique. — Il est jaune citron transparent; D = 2,05; se dissout à 15° dans 4 p. d'eau. A 100° il perd son eau de crist. et blanchit; au rouge il se décompose en : CyK + A + carbure de fer.

PRÉPARATION : 1° On fait du cyanure de K, qu'on ferrure ensuite *(Persoz)*. On fait passer l'azote de l'air sur un mélange porté au rouge de carbonate de K et de charbon (mélange qu'on peut considérer comme du K naissant) (flux noir) $A + C + K = CAK$.

Le produit obtenu, bouilli avec de la tournure de fer, de l'oxyde des battitures ou de la sidérose, donne du prussiate jaune (procédé abandonné).

2° On calcine en vase clos CO^3K^2 avec des matières azotées et du fer et on reprend par l'eau.

3° On calcine en vase clos CO^3K^2 avec des matières animales azotées (sang, corne, débris de cuir). Il se forme du CyK ; on lessive à l'eau bouillante, on ajoute SO^4,Fe et on évapore à cristallisation. On peut encore faire bouillir la liqueur avec Fe, qui s'y dissout avec dégagement d'hydrogène :

$$6CyK + SO^4,Fe = SO^4K^2 + Cy^6FeK^4.$$

PROPRIÉTÉS : Ce composé en solution récemment bouillie et froide traité par HCl, puis agité avec de l'éther ordinaire, laisse déposer un précipité blanc cristallin ayant pour compos. Cy^6FeH^4 ; il se forme en vertu de la réaction : $Cy^6FeK^4 + 4HCl = 4KCl + Cy^6FeH^4$. — C'est l'ac. *ferrocyanhydrique*, dont le sel de K n'est autre que le prussiate jaune. — L'oxygène altère et bleuit cet acide ferrocyanhydrique.

FERROCYANURES : L'*acide ferrocyanhydrique* forme des sels avec tous les métaux. — Les uns sont insolubles, les autres sont solubles ; il existe également des ferrocyanures doubles. — Le sel de Cu est marron, ceux de : Zn,Pb,Ag sont blancs.

On connaît les composés Cy^6FeBaK^2 et Cy^6FeCaK^2 ; cristallins, peu solubles.

Les sels *ferreux* donnent un précipité *blanc-bleuâtre* très altérable à l'air, qui a pour composition Cy^6FeK^2Fe. On peut obtenir ce corps en chauffant le ferrocyanure de K avec SO^4H^2 étendu (préparation de CAH).

Les sels *ferriques* dans lesquels le Fe se trouve sous forme de $(Fe^2)^{VI}$, donnent lieu à la réaction suivante :

$$3(Cy^6FeK^4) + 2Fe^2Cl^6 = 12KCl + (Cy^6Fe)^3Fe^4 \text{ *(bleu de Prusse)*}.$$

BLEU DE PRUSSE : Se prépare dans les arts, en mélangeant du SO^4Fe et du cyanure jaune. — On obtient du cyanure double de fer et de potassium. — On traite par HCl pour extraire le K et par le chlorure de chaux pour oxyder.

Le bleu de Prusse se présente sous forme de morceaux généralement cubiques, ayant une belle couleur bleue et des reflets cuivrés. — Il est insoluble dans l'eau, l'alcool et les acides dilués. — Il se dissout dans l'ac. *oxalique* (encre bleue ou bleu de Prusse soluble). — HCl concentré le détruit. — KOH régénère le cyanure jaune. — HgO donne Cy^2Hg.

Le bleu de Prusse *n'est pas vénéneux*.

FERRICYANURE DE POTASSIUM $(Cy^6Fe)^2K^6$ ou *prussiate rouge* (sel de Gmelin): Prismes clinorhombiques d'un beau rouge de rubis (anhydre). — Obtenu par polimérisation, avec perte de K, et sous l'influence du chlore sur le cyanure jaune.

$$2(Cy^6FeK^4) + Cl^2 = 2KCl + (Cy^6Fe)^2K^6.$$

Ce corps renferme le radical $(Cy^{12}Fe^2)^{v_1}$, ou *ferricyanogène* hexavalent. Ce sel joue un rôle important comme réactif.

Avec les sels *ferreux* il donne: $(Cy^6Fe)^2K^6 + 3SO^4,Fe = 3SO^4K^2 + (Cy^6Fe)^2Fe^3$. — *Bleu de Turnbull*.

Avec les sels *ferriques*, rien; mais si on fait agir un corps réducteur (SO^2), il se produit du *bleu de Turnbull*.

NITROPRUSSIATE DE SOUDE (Playfair): Obtenu par l'act. d'AO^3H étendu sur le ferrocyanure de K. En évaporant, on obtient des cristaux d'AO^3K et un dépôt d'oxamide. L'eau-mère saturée par CO^3Na^2 donne du *nitroprussiate de soude* qui cristallise en gros prismes orthorhombiques rouge de rubis $Cy^5(AO)FeNa^2 + 2H^2O$. Ce sel donne avec les sulfures alcalins une coloration pourpre très intense. (Réactif.)

ACIDE FULMINIQUE ou acide des *fulminates* $(Cy)'(AO^2)'=C=H^2$.

Le *fulminate de mercure* $(Cy)(AO^2)=C=Hg$, poudre blanche très explosive (capsules), est obtenu par l'act. de l'alcool sur l'azotate de mercure.

Fulminate d'argent.

CYANURE DE POTASSIUM CAK ou CyK: sel blanc déliquescent; cristaux cubiques; caustique; *très vénéneux*; od. d'amandes amères; très solubles dans l'eau. Sa solut. s'altère avec formation de *formiate* et parfois de substances *ulmiques*.

PRÉPARATION: On chauffe au rouge dans un creuset de fer du cyanure jaune bien desséché. — Après refroidissement, on épuise par l'alcool bouillant. Le CyK se dépose par refroidissement.

Il est décomposé par tous les acides (CO^2) avec production de CAH. — Il précipite les sels de: Zinc, Pb, Ag, et le précipité est soluble dans un excès.

USAGES: Quelquefois employé en médecine.— Pommades.— Réactif.— En photographie pour dissoudre AgCl. — Dans les arts il sert à faire des cyanures doubles (argent et or) pour la galvanoplastie.

CYANURE DE MERCURE $(CA)^2Hg$ ou Cy^2Hg: Beaux prismes à base carrée; blanc; anhydre; inaltérable; soluble dans l'eau.

PRÉPARATION: 1º Dissolut. d'HgO dans solut. aqueuse de CyH employée en léger excès.

2º On fait bouillir 3 p. de HgO et 4 p. de bleu de prusse finement pulvérisé dans H^2O 25 p.

3º On fait bouillir 15 minutes 1 p. de prussiate jaune avec 2 p. de sulfate mercurique et 10 p. d'eau.

PROPRIÉTÉS : Il se forme avec HgO un *oxycyanure* Cy^2Hg,HgO très soluble. — La chaleur le décompose en Hg et C^2A^2 *(Cyanogène libre)*.

CYANURES ALCOOLIQUES OU NITRILES : GÉNÉRALITÉS : Corps que l'on peut considérer : 1° comme résultant de la substitution de $(Cy)'$ aux $(OH)'$ des alcools, d'où expression de *cyanures alcooliques*.

PRÉPARATION : Act. de CyK sur un iodure alcoolique

$$C^nH^{2n+1}I + CyK = C^nH^{2n+1}Cy + KI,$$

Exemples : CH^3Cy *Cyanométhane* ou *cyanure de méthyle*.
C^2H^5Cy *Cyanéthane* ou *cyanure d'éthyle*.
C^3H^7Cy *Cyanopropane* ou *cyanure de propyle*.
$C^2H^4(Cy)^2$ *Dicyanure d'éthylène*.

2° Comme résultant de la déshydratation complète des sels ammoniacaux, d'où expression de *nitriles*.

PRÉPARATION : Act. de P^2O^5 sur les sels ammoniacaux

$$C^2H^{2n-1}OOAH^4 - 2H^2O = C^nH^{2n-1}A.$$

Exemples : C^2H^3A *Acétonitrile* = $CH^3(CA)$ *cyanure de méthyle*.
C^3H^5A *Propionitrile* = $C^2H^5(CA)$ *cyanure d'éthyle*.

PROPRIÉTÉS : Non saponifiables comme les *éthers halogénés*. Ils s'hydratent par l'act. des acides ou des alcalis pour former des sels ammoniacaux.

PASSAGE D'UN CORPS EN C^n EN UN CORPS EN C^{n+1}. — SYNTHÈSE DES ACIDES ORGANIQUES :

1° On prépare le dérivé *iodé* $C^nH^{2n+1}I$ de ce composé.
2° On le transforme en dérivé *cyanogéné* $C^nH^{2n+1}CA$.
3° On décompose ce dernier corps par KOH en présence de l'eau et on obtient

$$C^nH^{2n+1}CA + H^2O + KOH = C^nH^{2n+1}COOK + AH^3.$$

CARBILAMINES : Composés isomériques des cyanures alcooliques ou nitriles dans lesquels le groupement (CA) est relié au radical alcoolique par l'intermédiaire de l'A. — $R-C\equiv A$ = cyanure; $R-A\equiv C$ = carbilamine.

Obtenues par l'act. des *iodures alcooliques* sur le *cyanure d'argent*.
Exemple : *Méthylcarbilamine* $CH^3-A\equiv C$.
Éthylcarbilamine $C^2H^5-A\equiv C$.

Corps liquides, incol. à od. forte et repoussante, alliacée, caractéristique. — Toxiques.

PROPRIÉTÉS : Les act. hydratantes décomposent ces corps en ac. formique et en *amine*, correspondant au groupement alcoolique.

Composés pyridiques et quinoléiques.
1° Bases pyridiques.

GÉNÉRALITÉS : Produits obtenus par act. pyrogénées sur les matières animales (os, corne, chair, cheveux). Huile animale de Dippel. — Esprit de corne de cerf. — Esprit de Mindérérus. Ce sont des alcaloïdes très fixes, non décomposables au rouge.

CONSTITUTION : Noyau pyridique comparable à (nB.) dont le sommet 1 (CH)''' est remplacé par A'''. — Les homologues supérieurs résultent de la substitution de radicaux alcooliques aux H des autres sommets. D'où grand nombre d'isoméries possibles.

SYNTHÈSE DE LA PYRIDINE (Ramsay) $2(C^2H^2) + CAH = (C^5H^5A)$.

LISTE DES PRINCIPALES BASES PYRIDIQUES :

$$\begin{array}{ll}
\text{Pyridine} & C^5\,H^5\,A \\
\text{Picoline} & C^6\,H^7\,A \\
\text{Lutidine} & C^7\,H^9\,A \\
\text{Collidine} & C^8\,H^{11}A \\
\text{Parvoline} & C^9\,H^{13}A \\
\text{Corindine} & C^{10}H^{15}A \\
\text{Rubidine} & C^{11}H^{17}A \\
\text{Viridine} & C^{12}H^{19}A
\end{array}$$

PROPRIÉTÉS : Ce sont des bases tertiaires. — Elles donnent avec les iodures alcooliques des iodures d'ammoniaque quaternaires, à froid. $(CH^3)'I=A\equiv(C^5H^5)'''$.

Corps très alcalins; solubles dans l'eau (quelques-uns). — Les : Cl, Br, donnent des dérivés substitués (de nature alcaline). — L'H naissant (Na en présence de l'alcool absolu) produit des dihydrures et des hexahydrures. Ces hexahydrures sont très stables.

Acides carbopyridiques : Obtenus par l'oxydat. des chaînes latérales. — Isomères. — Ac. mono, bi, tricarbopyridiques. — Ces acides chauffés avec les alcalis donnent CO^2 et la base pyridique.

ACTION PHYSIOLOGIQUE : Bases toxiques et paralysantes. — Elles agissent rapidement sur le système nerveux central. — Ce sont aussi des antiseptiques et antifermentescibles à 1/100. — Les hexahydrures sont encore plus vénéneux.

Pyridine C^5H^5A : On la retire des goudrons d'os. Liq. incol. mobile; sol. dans l'eau; od. désagréable, amère, bout à 116°; D = 0,986; bleuit le tournesol; précipite Fe, Zn, Al, Cu sol. dans excès. — H. naissant (Na + alcool absolu). Donne de l'*hexahydrure* $C^5H^{11}A$ ou *pipéridine*. — Chauffée avec Na, elle donne de la *dipyridine* $C^{10}H^{10}A^2$ et du *pyridyle* $C^{10}H^8A^2$. — SO^4H^2 donne de l'ac. pyridino-sulfoné $C^5H^4(SO^3H')A$. Elle forme des sels cristallisés (toxique).

Picolines $C^5H^4(CH^3)A$: Se trouvent dans le goudron de houille et l'h. animale. — Alcalis toxiques.

L'α picoline donne par oxydation de l'acide orthomonocarbopyridique ou *ac. picolique*.

La β picoline donne l'ac. méta ou *ac. nicotianique*.

La γ picoline donne l'ac. para ou *ac. isonicotianique*.

Collidines $C^5H^2(CH^3)^3A(\alpha.\beta.\gamma.)$ retirées de l'huile animale. — Une dihydrocollidine à odeur d'aubépine bou^t à 210°, extrêmement *toxique*, se produit dans les fermentations bactériennes des albuminoïdes. — C'est un alcaloïde *cadavérique* ou *ptomaïne* (Gauthier et Étard).

Ces auteurs ont encore trouvé dans les mêmes conditions une *parvoline* $C^9H^{13}A$.

Appendice.

PYRROL ET SES HOMOLOGUES : Composés cycliques se rapprochant des corps pyridiques et existant dans les goudrons d'os.

Le *pyrrol* $C^4H^5A = (AH)^v=(-CH=CH-CH=CH-)^v$. Liq. inc., saveur brûlante. C'est une base faible, transformée par les acides en excès en *rouge de pyrrol* $C^{12}H^{14}A^2O$.

Il donne des dérivés méthylés, éthylés, etc.

Au *pyrrol* on peut rattacher certains corps cycliques plus ou moins modifiés par substitution. Tels sont :

Le *pyrazol* $(AH)^v=(-A=CH-CH=CH-)^v$.
La *pyrazoline* $(AH)^v=(-A=CH-CH^2-CH^2-)^v$.
Le *pyrazolone* $(AH)^v=(-A=CH-CH^2-CO-)^v$.

ANTIPYRINE ou ANALGÉSINE $(C^6H^5-A)^v=(-A=C[CH^3]-CH^2-CO-)$ corps crist.; fusible à 173°; très sol. dans l'eau et l'alcool, peu dans l'éther.

PRÉPARATION : Act. de l'éther acétylacétique sur la méthylphénylhydrazine symétrique.

USAGES : médicaux.

2° Bases quinoléiques.

GÉNÉRALITÉS : Ces corps ont beaucoup d'analogie avec les précédents. — Ils sont obtenus dans beaucoup de réactions pyrogénées, notamment en distillant avec KOH un grand nombre d'alcaloïdes naturels. Aussi les considère-t-on, avec juste raison, comme constituant la charpente de bon nombre d'alcaloïdes.

QUINOLÉINE C^9H^7A. C'est le plus simple et le mieux étudié de ces composés. — Il provient de l'act. de KOH sur la quinine ou la cinchonine (les autres composés, par ex. les lépidines, sont des homologues supérieurs). On admet que la quinoléine possède une structure analogue à celle de la naphtaline dans laquelle le sommet (α) aurait A''' au lieu de $(CH)'''$.

Cette substance possède 2 noyaux : un noy. pyridique, c'est celui qui renferme l'A ; et un noyau benzénique. De là 2 séries d'isomères possibles.

PROPRIÉTÉS : C'est un liq. incol., brunissant à l'air et à la lumière ; od. désagréable d'am. amères. Saveur âcre et amère ; très alcalin ; $D = 1,055$; bout à 230° environ ; insol. dans l'eau ; très stable. — C'est une base tertiaire qui fixe directement les iod. alcooliques. — Elle donne des sels.

La *quinoléine* peut s'hydrogéner et donner des dérivés substitués OH (phénolique) Cl.Br.-CH^3.SO^{3}H'.

Le *carbostyryle* C^{9}H^{10}(OH)A qui est un phénol, serait le noyau de plusieurs alcaloïdes.

KAIRINE. — C'est le dérivé trihydrogéné, monométhylé et phénolé de la quinoléine.

Chlorhydrate de kairine : cristaux solubles; se colorant en violet au contact de l'air.

USAGES MÉDICAUX : Antiseptique et antithermique.

Alcaloïdes proprement dits.

GÉNÉRALITÉS : Composés azotés et alcalins. — Découverts au commencement du siècle. Fourcroy, 1792. (Alcalinité du macéré de quinquina.) — Historique.

DIVISION : Les alcaloïdes se divisent en deux grands groupes : 1º *Volatils* — liq., formés de C.A.H; 2º *fixes* — solides, formés de C.A.H.O. — Les alcaloïdes volatils sont général. liquides, solubles plus ou moins dans l'eau. — Les alcaloïdes fixes sont solides, excepté la pilocarpine; insolubles ou peu solubles dans l'eau.

DISSOLVANTS GÉNÉRAUX : Éther (excepté morphine et cinchonine), chloroforme, benzène, éther de pétrole, huiles lourdes de pétrole, alcool amylique, alcool. — Les sels des alcaloïdes sont insolubles dans les dissolvants précédents, mais solubles dans l'eau et dans l'alcool.

CARACTÈRES GÉNÉRAUX : Sav. amère; souvent toxiques ou possédant une act. très énergique sur l'économie. — *Lévogyres*, excepté conicine ordinaire, quinidine et cinchonine. — Bases puissantes généralement tertiaires.

Act. de la chaleur : Ils sont altérés; vers 120º-130º ils se transforment en isomères, puis en AH^3; AH^{2}CH^3; quinoléine et bases pyridiques.

Act. de KOH à chaud : mêmes réactions.

Les *oxydants* AO^{3}H;CrO^3;MnO^{4}K oxydent les alcaloïdes fixes en donnant souvent des acides carbopyridiques.

RÉACTIFS GÉNÉRAUX : Iodure de potassium ioduré : pp^{té} brun. — Iodure double de Hg et de K : pp^{té} blanc. — Tannin, acide picrique, phosphomolybdate de soude, chlorure de Pt, chlorure d'or, bichlorure de Hg précipitent.

Réactif Fröhde (molybdate de Na 0^{gr},5, dissous dans SO^{4}H^2 100^{cc}) donne des colorations variées avec plusieurs alcaloïdes.

PROCÉDÉ GÉNÉRAL D'EXTRACTION DES ALCALOÏDES : Macération acide. — Extrait; précipitat. par CaO; KOH, etc.; dessiccation et épuisement par dissolvant approprié. — Évaporation du dissolvant ou traitement par eau acidulée. — Purification.

RECHERCHE TOXICOLOGIQUE : Très difficile — procédé de Stas

modifié : extrait alcoolique et tartrique traité par bicarbonate de Na, épuisement par éther ou autre dissolvant approprié et évaporation; traitements successifs du résidu par les dissolvants généraux, par benzène, chloroforme, etc., etc. — Puis action des réactifs généraux et particuliers. — Expériences physiologiques sur animaux (grenouilles).

HISTOIRE DES PRINCIPAUX ALCALOÏDES.

CICUTINE, CONICINE ou CONINE ($C^8H^{17}A$). S'extrait de la ciguë *(Conium maculatum)*: Liq. incol., oléag.; od. forte et désagréable; bou^t à 218°; soluble dans 100 p. d'eau; *dextrogyre*.

EXTRACTION : On prépare un extrait aqueux acétique ou tartrique de semences de ciguë. Cet extrait est mélangé avec CaO ou MgO, on dessèche et épuise par l'éther que l'on laisse ensuite évaporer.

CONSTITUTION : Elle se rattache à la pyridine (Hoffmann et Ladenburg). —C'est le dérivé ortho-propylé (C^3H^7) de l'hexahydrure de pyridine $C^8H^{11}A$.

La cicutine de synthèse est inactive sur la lumière polarisée; elle est dédoublable en cicutine droite et en cicutine gauche.

PROPRIÉTÉS CHIMIQUES : Alcali secondaire. — Base monovalente. — Sels neutres et cristallisés. — La distill. du chlorhydr. avec Zn donne : *congrine* ($C^8H^{17}A - 6H = C^8H^{11}A$). — La solut. évaporée à l'air se colore en rouge, puis en bleu.

PHYSIOLOGIE : Très vénéneuse. Act. foudroyante comme CAH, paralyse les muscles volontaires, puis respiratoires, puis cœur. La mort arrive par asphyxie (2 à 5 centig.).

NICOTINE : Alcaloïde du tabac *(Nicotiana tabacum)* de ? à 15 0/0. — Liq. inc. oléag.; brunissant à l'air; caustique et alcalin; sav. et od. fortement vireuse; $D = 1,01$; très sol. dans l'eau; bout à 245°; *lévogyre*.

EXTRACTION des feuilles de tabac : Tabac du Lot 8 0/0, Havane, 2 à 3 0/0.

CONSTITUTION : Quoiqu'on n'ait pas réalisé sa synthèse, on lui donne la formule $C^5H^{11}A^2$.

PROPRIÉTÉS : C'est une base tertiaire. — La chaleur rouge naissant la détruit en formant : collidine, picoline, pyridine CAH et AH^3, que l'on retrouve dans la fumée du tabac. — Elle s'unit à l'H. — Le MnO^{4}K la transforme en acide nicotianique $C^5H^5ACOOH(\alpha)$.

RÉACTION : Chauffée avec HCl, le mélange devient violet. — L'AO^{3}H la colore en jaune orangé lorsqu'on élève un peu la température.

PHYSIOLOGIE : Poison très violent qui agit un peu comme la cicutine.

ACONITINE $C^{33}H^{43}AO^{12}$: Subst. cristallisée; sol. dans l'eau chaude et les dissolvants généraux; fond à 183°; *lévogyre*.

EXTRACTION : Racine d'aconit napel; extrait alcoolique, tartrique, etc.

PROPRIÉTÉS : Dédoublable par alcalis et acides, à chaud, en *aconine* $C^{26}H^{39}AO^4$ (alcaloïde ayant les propriétés d'un tétraphénol) et en acide benzoïque.

PHYSIOLOGIE : Très vénéneuse (comme conicine et CAH), très active à la dose de 1/10 de milligramme. — Elle exalte la sensibilité, puis la diminue et l'anéantit. — Elle accélère les battements du cœur, puis les arrête (névralgies). — Elle produit un picotement de la langue tout à fait caractéristique.

OPIUM : Perse, Égypte, Smyrne, Constantinople. — Suc épaissi des capsules du *Papaver somniferum album*.
COMPOSITION : *Morphine* 10 0/0. — *Narcotine* 6. — *Papavérine* 1. — *Codéine* 0,3. — *Thébaïne* 0,15. — *Narcéine* 0,02 unies à l'*ac. méconique* ($C^7H^4O^7$) (4 0/0) qui donne avec le Fe^2Cl^6 une coloration rouge sang.
PROPRIÉTÉS PHYSIOLOGIQUES GÉNÉRALES : Morphine, codéine, narcéine, sont des calmants soporifiques. — Thébaïne, papavérine, narcotine sont des toxiques convulsivants des nerfs excito-moteurs.

MORPHINE $C^{17}H^{19}AO^3 + H^2O$ · subst. incol. inod.; crist.; sav. amère; presque insol. dans l'eau froide; léger. sol. dans l'eau bouillante; relativement assez sol. dans l'alcool. — A l'état amorphe, elle se dissout dans l'éther, le benzène et le chloroforme; à l'état crist., elle y est insol.
PRÉPARATION : Préparat. d'un extrait aq. d'opium assez liquide, que l'on traite par l'AH^3. — On laisse cristalliser; la codéine reste dans les eaux mères — on lave à l'eau froide — on purifie par cristal. dans l'alcool — les cristaux sont lavés à l'éther qui dissout la narcotine.
DOSAGE DE LA MORPHINE DANS L'OPIUM.
PROPRIÉTÉS : Perd H^2O à 100°; fond à 120°; à 200° et surtout en présence des alcalis, elle se décompose avec dégag^t de méthylamine. — Alcali tertiaire (iodométhylate de morphine) avec CH^3I. — Elle agit encore comme un monophénol (combinaisons solubles avec les alcalis). La morphine agit comme un corps réducteur.
CARACTÈRES : AO^3H : colorat. jaune orangé. — Chlorure d'or : teinte bleue. — Acide iodique : iode en liberté. — Fe^2Cl^6 : colorat. bleue fugace
EMPOISONNEMENT PAR LA MORPHINE : Contrepoisons. — Café.
Apomorphine $C^{34}H^{34}A^2O^4$: Poudre amorphe obtenue par l'act. d'un excès d'HCl à chaud. — Émétique des plus puissants. — 5 à 10 milligr. de chlorhydrate en injection sous-cutanée.

CODÉINE OU MÉTHYLMORPHINE $C^{17}H^{18}(CH^3)AO^3$: Cristaux prismatiques solubl. dans 80 p. d'eau froide et 17 p. d'eau bouillante. Elle est soluble dans l'éther et les autres dissolvants.
EXTRACTION : des eaux mères de la préparation de la morphine.
PRÉPARATION SYNTHÉTIQUE (Grimaux) : On dissout la morphine dans l'alcool sodé, et on fait bouillir avec CH^3I (c'est l'éther phénolique de la morphine).
CARACTÈRES : Elle ne rougit pas par AO^3H, ne bleuit pas par Fe^2Cl^6, ne réduit pas l'acide iodique. Sol. dans SO^4H^2; la solut. devient bleue au bout d'un certain temps.

COCAÏNE $C^{17}H^{21}AO^4$: Corps solide, fusible à 98°; retirée des feuilles de coca (2 gr. 0/00); très peu soluble dans l'eau.

Le *chlorhydrate de cocaïne* $C^{17}H^{21}AO^4,HCl$ est crist. et soluble. La cocaïne par ses dédoublements successifs montre qu'elle se rattache à la pyridine par des substitutions et par hydrogénation.

PHYSIOLOGIE : Anesthésique local très puissant.

PILOCARPINE $C^{11}H^{16}A^2O^2$: C'est l'alcaloïde du Jaborandi; liq. épais: incol. hygroscopique, sol. dans l'eau, cette base se rattache encore à la pyridine.

PHYSIOLOGIE : Propriétés sialagogues et sudorifiques énergiques.

ÉSÉRINE ou PHYSOSTIGMINE (fève épreuve du Calabar). *Physostigma venenosum* (Légum.) : corps cristal. un peu soluble dans l'eau. — Le sulfate cristallise.

PHYSIOLOGIE : Ses propriétés sont opposées à celles de l'atropine. Elle contracte la pupille.

STRYCHNINE $C^{22}H^{22}A^2O^2$ retirée des *strychnos* : Corps cristallisé; sol. dans 7,000 p. d'eau à 19°; 1,200 p. d'alcool ou d'éther; saveur d'une amertume extrême (1 milligr. par litre).

La strychnine est un alcali tertiaire. — Les sels neutres sont assez solubles; les sels acides le sont beaucoup moins.

RÉACTIONS: Strychnine, plus des traces de PbO^2 et de cyanofer. de K; ou bien chromate rouge et une g^{tte} de SO^4H^2, donne : une coloration bleue passant rapidement au violet, au rouge et au jaune. — La brucine, la morphine, la quinine, empêchent cette réaction. — L'acide iodique colore la strychnine en violet avec mise d'iode en liberté. — L'AO^3H ne colore pas la strychnine (diff^{ce} avec brucine).

ACTION PHYSIOLOGIQUE : Poison tétanique des plus violents; 2 centigr. peuvent donner la mort.

BRUCINE $C^{23}H^{26}A^2O^4 + 4H^2O$: Elle s'extrait des eaux mères de la préparation de la strychnine. — Elle est plus soluble dans l'eau que la strychnine. — 24 fois moins toxique.

RÉACTIONS : AO^3H coloration rouge sang.

EMPOISONNEMENTS PAR LA STRYCHNINE ET LA BRUCINE.

CAFÉINE ou THÉINE $C^8H^{10}A^4O^2$ (café, thé, *Paullinia sorbilis* ou *guarana*): Corps cristal. en aiguilles brillantes légères. — Chauffée avec les alcalis, elle donne : méthylamine AH^2CH^3.

CONSTITUTION ET SYNTHÈSE : C'est de la *triméthylxanthine*.

ACTION PHYSIOLOGIQUE : Excitant du système nerveux et diurétique.

THÉOBROMINE $C^7H^8A^4O^2$. — Cette base existe dans le *Theobroma cacao*. — Cristaux anhydres.

CONSTITUTION : C'est de la *diméthylxanthine*.

ÉMÉTINE $C^{28}H^{40}A^2O^5$: Principe actif de l'*ipécacuanha*.

EXTRACTION : On dessèche un mélange de poudre d'ipéca et de chaux et on l'épuise par l'éther (0.5 à 1 gr. 0/0). Soluble dans 100 p. d'eau.

ACTION PHYSIOLOGIQUE : Émétique.

QUININE $C^{20}H^{24}A^2O^2$ (découverte en 1820 par Pelletier et Caventou). — L'alcaloïde le plus important des quinquinas. — Substance amorphe (susceptible de cristal. par évaporation de ses solut. éthérées ou chloroformiques. — Soluble dans 2024 p. d'eau à 15° — et dans 760 p. à 100° — dans 1.13 p. d'alcool absolu et 22,6 d'éther. — Elle se dissout également dans les autres dissolvants généraux. — *Lévogyre*.

PRÉPARATION : *a*. On fait macérer le quinquina pulv. dans l'eau acidulée avec HCl. — Les liqueurs acides sont traitées par CaO. — Le dépôt est exprimé, séché et épuisé de ses alcaloïdes par l'alcool à 90° bouillant.

On évapore à siccité le résidu dissous dans SO^4H^2 à 50 0/0. — On étend d'eau, on décolore au noir animal purifié ; on neutralise exactement et on abandonne au repos. — Le *sulfate de quinine* cristallise et les sulfates de : cinchonine, quinidine et cinchonidine restent dans les eaux mères.

b. — On mélange le quina pulv. avec lait de chaux ou CO^3Na^2 et on abandonne le mélange à lui-même pendant quelque temps pour donner aux alcaloïdes le temps d'être mis en liberté. — On épuise par les huiles lourdes de pétrole, et on agite ensuite ces huiles avec SO^4H^2. — La solut. concentrée de sulfates abandonne le sulfate de quinine par cristall. et les autres sulfates restent dans la liqueur mère.

PROPRIÉTÉS : Alcali tertiaire (base très puissante) s'unit aux acides en 2 proportions pour former : des *sels basiques* qu'on appelle souvent sels neutres $C^{20}H^{24}A^2O^2,(Ac)'$, et des *sels neutres* qu'on appelle souvent sels acides $C^{20}H^{24}A^2O^2,2(Ac)'$.

L'AO^3H transforme la quinine en acides carbopyridiques. — La KOH donne de la quinoléine et homologues. — On admet dans la quinine l'existence de 2 noy. quinoléiques modifiés par substitution.

CARACTÈRES : 1° Soluble dans SO^4H^2 étendu, solut. dichroïque à reflets bleus tout à fait caractéristiques et qui disparaissent par l'add. de HCl. — 2° Eau de chlore + AH^3 produit une colorat. verte. — 3° Eau de chlore + un peu de ferrocyanure pulv. donne une colorat. rose, puis rouge foncé par AH^3.

ACTION PHYSIOLOGIQUE : Antipyrétique et antipériodique.

QUINIDINE $C^{20}H^{24}A^2O^2$ (Isomère) : se trouve en abondance dans le *quina calisaya* de l'Inde. — *Dextrogyre*. — Mêmes réact. que la quinine avec Cl et AH^3.

Son *sulfate basique*, qui ressemble beaucoup à celui de quinine, est plus soluble. — Elle est antipyrétique, mais non antipériodique.

SELS DE QUININE : *Sulfate de quinine ordinaire* $(C^{20}H^{24}A^2O^2)^2SO^4H^2$ + $7H^2O$ (Sulfate basique, ou encore dénommé : sulfate neutre) : On le prépare par le procédé décrit pour l'obtention de la quinine ; mais aujourd'hui que les quinas cultivés renferment beaucoup de quinidine, cinchonine et cinchonidine, le sulfate n'est pas pur.

PROPRIÉTÉS : Composition : quinine 74,31 ; SO^4H^2 11,24 ; H^2O 14,45 0/0.

— Il cristallise en longues aiguilles minces et flexibles; sav. amère très prononcée.—Réaction légèrement alcaline au tournesol. — Il s'effleurit à l'air et peut perdre $5H^2O$, soit 10 0/0; à 100° il perd toute son eau. — Sol. dans 75 p. d'H^2O à 15°; dans 30 p. d'eau bouillante; 80 p. d'alcool à 80°; dans 60 p. anhydre; insol. dans : éther et chloroforme. — SO^4H^2 le transforme en sulfate acide en augmentant considérablement sa solubilité.

Essai du sulfate de quinine : 1° Dessiccat. à 100° de 1 gr. de sulf. de quinine, qui doit donner au moins 0,85 de résidu (soit 15 0/0 au plus de perte) (souvent moins, si eau en excès). — 2° Combustible sur lame de platine (mat. minérales fixes). — 3° Se dissout sans se colorer dans SO^4H^2 (salicine, mat. sucrées et glucosides). — 4° Sa solut. aq. ne doit pas précipiter par AO^3Ag. — 5° Il ne doit pas contenir d'autres alcaloïdes du quinquina. — Tous ceux-ci sont plus solubles (les sulfates). — 6° 2 gr. de produit sont mélangés à 20^{cc} d'eau; on agite et on met au BM à 60° pendant 30 minutes; puis on laisse refroidir dans B. d'eau à 15°. — On filtre:

a. — 5^{cc} de liq. filtré évaporés à 100° ne doivent pas donner plus de 0 gr. 01 de résidu.

b. — 5^{cc} mélangés à 7^{cc} d'AH^3 donnent un mélange limpide au bout d'un certain temps. S'il se trouble, c'est qu'il y a d'autres alcaloïdes.

Recherche de la cinchonine : Sulfate de quinine 1 gr., éther à 65° 10^{cc}, AH^3 2^{cc}; on agite vivement. — Il se forme 2 couches; s'il existe de la cinchonine, elle surnage la couche ammoniacale. — 2 0/0 ne donnent qu'un anneau chatoyant très mince à la surface de séparation.

Recherche de la quinidine : Sulfate 1 gr. H^2O bouillante q. s. pour dissoudre. — On ajoute un excès d'oxalate d'AH^3 et on filtre. — La liq. doit être fort peu amère et se troubler à peine par AH^3. — Le contraire se produit s'il y a de la quinidine.

Sulfate de quinine neutre $C^{20}H^{24}A^2O^2, SO^4H^2 + 8H^2O$ (appelé sulfate acide) : très soluble dans l'eau.

Bromhydrate de quinine — cristallise en aiguilles — sol. dans 45 p. d'eau, très bien supporté par l'estomac.

Chlorhydrate, lactate, acétate, salicylate et *tannate de quinine*.

CINCHONINE $C^{19}H^{22}A^2O$: Amorphe, sol. dans 3,800 p. d'H^2O froide dans 140 p. d'alcool, presque insol. dans l'éther; 1 p. dans 370. — *Dextrogyre*.

Extraction : Des eaux mères de la quinine. On précipite par AH^3. — On traite par l'éther qui dissout quinine et laisse cinchonine, cinchonidine et quinidine. On dissout le résidu dans SO^4H^2; et on précipite 1° la cinchonidine par le tartrate d'AH^3, la quinidine par IK, la cinchonine reste en solution.

C'est une base tertiaire ne formant qu'une série de sels. — Ses sels sont plus solubles que ceux de quinine correspondant. — Chauffée avec KOH elle donne quinoléine, lutidine, collidine, parvoline. — Elle ne donne pas les réactions de la quinine. — $HgCl^2$ à chaud donne une coloration rouge violacée.

CINCHONIDINE $C^{19}H^{22}A^2O$ (isomère), *lévogyre* fort abondante dans qq. quinquinas.

Le sulfate ressemble beaucoup à celui de quinine; plus soluble. — Le tartrate est insoluble.

ATROPINE $C^{17}H^{23}AO^3$ (Belladone) : *Atropa belladona* (sol.) : Aiguilles fines fus. à 113°; saveur amère; sol. dans 300 p. d'eau et dans 8 p. d'alcool *lévogyre*.

Chauffée avec HCl concentré, l'atropine se dédouble en acide tropique $C^9H^{10}O^3$; en tropine $C^8H^{15}AO$ et en H^2O. — Le *sulfate* $(C^{17}H^{15}AO^3)^2SO^4H^2$ est surtout utilisé.

L'*hyoscyamine* ou *daturine* ou *duboisine* $C^{17}H^{23}AO^3$ sont des isomères de l'atropine. Même dédoublement par HCl.

PHYSIOLOGIE : Propriétés mydriatiques (dilate la pupille). Paralysent les muscles lisses. — L'atropine et l'hyosciamine sont des bases très vénéneuses; toutefois l'hyosciamine est un peu moins vénéneuse tout en possédant au même degré les propriétés mydriatiques.

DEUXIÈME PARTIE

Étude spéciale des substances ayant des rapports directs avec la biologie.

1re Sous-Division. — MATIÈRES PROTÉIQUES ET CONSTITUTIVES DE L'ORGANISME

Matières protéiques.

GÉNÉRALITÉS : Substances primordiales de tout organisme vivant (protoplasma), ayant des analogies avec l'albumine du blanc d'œuf; — font partie de tous les tissus et se rencontrent dans presque tous les liquides du corps humain.

COMPOSITION : Renferment C, 49 à 54 0/0 environ ; H ,7 0/0 ; O, 21 à 23 0/0 ; A, 16 à 18 0/0 ; S, 0 à 5 0/0. — Formules très complexes : constitution encore ignorée, mais pouvant jusqu'à un certain point se rattacher à celles d'*amides* ou d'*uréides* complexes.

PROPRIÉTÉS PHYSIQUES GÉNÉRALES : Corps solides; généralement amorphes; inodores et sans saveur; sol. ou insol. dans l'eau; insol. dans l'alcool, l'éther, le chloroforme, etc., etc.

PROPRIÉTÉS CHIMIQUES GÉNÉRALES : Act. de la chaleur : fondent et se détruisent (odeur de corne brûlée) en donnant $H^2O, CO^2; H^2S$; divers hydroc., AH^3, amines et bases pyridiques; puis charbon très divisé azoté (très décolorant).

Act. des oxydants : Produits divers : CO^2, AH^3, ac. gras volatils et qq. uns de leurs dérivés.

Act. des hydratants, bases ou acides : Décomposition avec product. de différents composés amidogènes : glycocolle, leucine, tyrosine, ac. aspartique, glutamique, etc., etc.

Action de l'hydrate de baryte à 150°-200° (Schutzenberger) : La molécule s'hydrate et se décompose en donnant : 1° AH^3 (correspondant au 1/4 de l'A total); plus des acides $CO^2, C^2O^1H^2, C^2H^4O^2$ déplacés et restés unis à BaO. Les produits AH^3, CO^2 et $C^2O^1H^2$ sont dans les proportions trouvées dans la composit. d'une mol. d'urée ou d'oxamide. — 2° Un *résidu fixe* (provenant de l'hydrat.) et égal en poids à celui de l'albumine sèche mise en expérience. Ce résidu donne par l'analyse immédiate (emploi de dissolvants neutres; cristallisat. successives) : des glucoprotéines (sav. sucrée) homologues de la tyrosine, de la tyrosine, des leucines ou glycocolles.

Act. des ferments solubles et figurés: Effets divers, tels que transformation par hydrat. (peptones, leucines, tyrosine, glycocolle); 2° décomposition plus avancée: ac. gras volatils; 3° putréfaction : AH^3, amines et ptomaïnes, CO^2, H^2S, CH^4, composés oxygénés divers, indol et scatol.

DIVISION: 4 groupes distincts :

1° *Albuminoïdes:* 15 à 17 d'A, 1 à 2 de S 0/0. Appartiennent au règne végétal et animal; solubles dans l'eau pure ou additionnée de certaines substances. — Sont alimentaires.

2° *Matières muqueuses:* Ne renferment pas ou que peu de S; n'appartiennent qu'au règne animal; dominent chez les mollusques. — Insolubles dans l'eau pure, mais s'y gonflent et lui communiquent ses propriétés mucilagineuses.

3° *Matières gélatineuses ou collagènes* 17 à 19 0/0 d'A, moins de 1 0/0 de S : Insolubles dans l'eau pure ou additionnée de certaines substances; solubles dans l'eau chauffée à plus de 100° (autoclaves). — Ne se rencontrent que chez les animaux. — Ne sont pas alimentaires.

4° *Matières cornées* 19 à 21 0/0 d'A et forte proportion de S. — Complètement insolubles, ne se rencontrent que chez les animaux. — Ne sont pas alimentaires.

MATIÈRES ALBUMINOÏDES: Propriétés et caractères généraux ci-dessus. — Sont toutes solubles dans les alcalis — albuminates alcalins ou *protéine* de Mulder.

DIVISION : 1° Albuminoïdes solubles dans l'eau pure et coagulables par la chaleur : albumine du blanc d'œuf, sérine, albumine végétale.

2° Albuminoïdes insolubles dans l'eau; solubles dans certaines solutions de sels neutres, d'alcalis ou d'acides : globulines, caséines, syntonines, fibrines.

CARACTÈRES GÉNÉRAUX : 1° Donnent AH^3 par act. de KOH à chaud.

2° Précipités de leur solut. par les acides minéraux et beaucoup d'ac. organique (excepté PO^4H^3, ac. acétique, ac. lactique); la plupart des sels métalliques, le tannin, le phénol, l'alcool.

3° Sol. dans HCl concentré. — La chaleur colore cette solut. en bleu, puis en violet et en brun.

4° Donnent une colorat. rouge à 70° avec le réactif de Millon (azotate acide de mercure).

5° Donnent une color. violette par ébullition de leur solut. potassique avec SO^4Cu; même réaction à froid.

ALBUMINE DU BLANC D'ŒUF: Extract. et purific. (dialyse) et évaporat. à basse temp. — Procédé Wurtz par l'acétate de Pb et $CO^2; H^2S$.

PROPRIÉTÉS : Masse solide, jaune, cornée, transparente, sol. dans l'eau; lévogyre $\alpha = -38°$. — C'est un mélange de deux albumines : l'une coagulable à 63° ($\alpha = -43°$), l'autre coagulable à 74° ($\alpha = -26°$). — Coagulable par les corps cités précédemment. — L'éther pur ne la précipite pas de ses solut. pures, — mais si, par addit. de sels.

Elle se comporte comme un acide faible (s'unit aux bases). Les albuminates alcalins sont solubles, les autres sont insolubles.

Usages: Aliment; en médecine et en pharmacie: eau albumineuse; clarification des sirops.

SÉRINE ou *albumine du sérum sanguin:* Grande analogie avec la précédente. — Il existe également plusieurs sérines. — Différence avec l'albumine de l'œuf. $\alpha = -56°$ à $-62°$. — L'éther pur précipite la sérine de ses solut. pures et non en présence de sels.

Usages : Clarification; c'est l'albumine industrielle.

ALBUMINE VÉGÉTALE: Grande analogie avec les deux précédentes. — Sucs aqueux. — Act. de la chaleur, défécation, clarification des liquides d'origine végétale.

ALBUMINE CUITE ou COAGULÉE: Masse blanche opaque acide au tournesol. — Insol. dans l'eau pure ou salée quelle que soit la teneur en sel des solutions. — Insol. dans l'HCl. au 1/1000. — Soluble dans les alcalis caustiques: *albuminose* ou *protéine*. Cette solution est précipitée par les acides. — Les acides minéraux la transforment en *syntonine;* et la pepsine en *peptone.*

FIBRINES: La fibrine ordinaire est la substance qui forme le *caillot* du sang coagulé, caillot qui emprisonne les globules sanguins. — Elle est dissoute dans le sang avant la coagulation. — Elle paraît formée de deux substances albuminoïdes différentes.

Extraction : Battage du sang, au sortir du vaisseau avec baguettes, elle s'y attache sous forme de filaments blancs élastiques que l'on lave.

Propriétés: Insol. dans l'eau froide, l'alcool et l'éther. Soluble lentement à 40° dans une solut. à 10 0/0 de NaCl. Cette solut. est coagulée à 60°. — L'HCl au 1/1000 la transforme en *syntonine* à 40°. — Les alcalis dilués la dissolvent.

La fibrine humide, abandonnée au contact de l'air, se dissout lentement. — A 110°, la fibrine se transforme en une substance tout à fait analogue à l'albumine cuite.

Théorie de la formation de la fibrine dans la coagulation du sang :
Schmidt: Existence de deux générateurs (fibrinogène et fibrinoplastique) s'unissant sous influence d'une fermentation spéciale?

Mathieu et Urbain: Act. de CO^2? n'est pas admissible.

Béchamp et Estor : Leucocytes, hématoblastes d'Hayem.

FIBRINE MUSCULAIRE ou MYOSINE: C'est le produit coagulé qui, après la mort, se trouve dans les fibres musculaires. — Insol. dans l'eau ou dans l'eau saturée de NaCl, mais soluble dans une solut. à 10 0/0 de NaCl ou AH'Cl. — Ses solut. sont coagulées à 55°-60°. Elle se transforme facilement en *syntonine* par act. de HCl dilué.

PRÉPARATION : Lavage à l'eau de la viande hachée, digestion avec eau salée à 10 0/0. Filtration et précipitation par un excès de NaCl.

GLOBULINES : On donne ce nom aux corps suivants :

1° Partie constitutive du *stroma* des globules sanguins, et qu'on trouve aussi dans le cristallin.

EXTRACTION DES GLOBULES : Sang défibriné versé g^{tte} à g^{tte} dans une capsule refroidie au-dessous de zéro, puis dégel du sang. — Liq. rouge formé d'une solut. d'hémoglobine dans le plasma. Les globules décolorés nagent dans la masse, et sont recueillis par filtration.

2° A la substance *fibrinoplastique* de Schmidt existant dans le sérum sanguin *(paraglobuline)*; précipite partiellement de certaines de ses solutions par CO^2.

3° A la subst. *fibrinogène* de Schmidt.

4° A l'albumine qui se forme dans le dédoublement de l'hémoglobine.

PROPRIÉTÉS GÉNÉRALES : Ins. dans l'eau; sol. dans sol. de NaCl à 5 ou 10 0/0 et les solutions alcalines étendues. — Les solut. dans NaCl sont coagulées vers 60° (S. fibrinogène) et 75° (S. fibrinoplastique). — Les globulines sont précipitées de leur solut. par la saturation des liqueurs avec le sulfate de magnésie.

VITELLINE ou albumine du jaune d'œuf.

EXTRACTION : Épuisement par éther pour dissoudre les graisses, et par eau chaude pour enlever la lécithine. Macération avec eau salée à 10 0/0 pour dissoudre la *vitelline,* et précipitation par dilution avec de l'eau. — La solut. salée est coagulée par la chaleur vers 75°.

SUBSTANCE AMYLOÏDE : Mat. alb. assez répandue dans l'organisme, insol. dans l'eau, l'alcool, l'éther et les acides étendus. — Se colore en rouge avec l'iode.

CASÉINES : Végétale *(légumine)* et animale. En solut. dans le lait, grâce aux subst. diverses que ce dernier renferme.

EXTRACTION DU LAIT : précipitation par un acide et lavage à l'eau, l'alcool et l'éther.

PROPRIÉTÉS : Insol. dans l'eau; sol. dans les alcalis, les phosphates alcalins. — La caséine dissoute est précipitée par les acides étendus, minéraux et organiques (l'ac. lactique notamment), par la présure et certains sels neutres; les acides ne la précipitent pas en présence du phosphate de K.

SYNTONINES : Produits obtenus par l'act. de HCl faible 3 à 4 0,00 sur les albuminoïdes (notamment sur la myosine) qui se gonflent et se dissolvent. — Corps insol. dans l'eau et dans les sol. de NaCl; sol. dans HCl étendu et dans les alcalis caustiques; précipités par suite de neutralisation des solutions, même en présence de phosphate de K.

Acidalbumine : Composé voisin, résultant de l'act. de l'acide acétique sur les sol. d'albumine addit. de chlorure ou de phosphate de sodium.

PEPTONES : Produits résultant de l'act. de la *pepsine* ou de ferments solubles similaires, sur les albuminoïdes ou mieux sur les syntonines. — Ce sont des produits d'hydratation. — Corps solubles dans l'eau, et se différenciant principalement des autres matières albuminoïdes en ce qu'elles sont beaucoup plus diffusibles et par conséquent assimilables.

PRÉPARATION : Viande hachée et lavée délayée dans suc gastrique artificiel (eau, HCl et pepsine) et digestion dans une étuve à 40° jusqu'à dissolution. Neutralisat. par NaOH pour faire NaCl. (Non précipitable par AO^3H. Précipitable par alcool). — Évaporation à température modérée.

PEPTONES COMMERCIALES : Leur essai. — Peptone pancréatique.

USAGES MÉDICAUX : Aliment albuminoïde tout digéré et directement assimilable. — En microbiologie, bouillons et gélatines de cultures microbiennes. — Peptonates métalliques : Hg, Fe.

MATIÈRES MUQUEUSES : *Mucine :* Matière blanche ou grise qui se gonfle dans l'eau en formant une liqueur épaisse et filante mucilagineuse (salive), etc., etc. — Soluble dans les alcalis et les acides minéraux. — Précipitée de ses solut. par acide acétique et insol. dans un excès ; par l'extrait de saturne. — Non précipitée par les tannins ou par le cyanure jaune.

Métalbumine : Produit existant avec la mucine dans certains kystes et exsudations ; elle diffère principalement de la mucine en ce qu'elle précipite mal par l'acide acétique et que le précipité est soluble dans un excès.

Paralbumine : Grande analogie avec les deux corps précédents et se rencontrant dans les mêmes conditions que la métalbumine. — Elle précipite par le cyanure jaune, mais Hammarsten a démontré que ce produit était un mélange de métalbumine et de sérine.

MATIÈRES GÉLATINEUSES OU COLLAGÈNES : forment les cartilages *(condrogène),* la matière cartilagineuse des os *(osséine)* et la majeure partie des tissus conjonctifs : ligaments, tendons, périoste, membranes séreuses, muqueuses, etc. *(collagène).*

L'*élastine* est la subst. des fibres élastiques des tissus élastiques (résiste beaucoup plus à l'act. de l'eau bouillante et des réactifs).

COLLE ET GÉLATINE : Produit de transformation des mat. précédentes, par l'act. prolongée de l'eau bouillante ou de l'eau sous pression (autoclaves, marmite de Papin).

PRÉPARATION INDUSTRIELLE : (Établis[ts] insalubres de 1re classe). On utilise la peau, les tendons, les os dégraissés. — Colle et gélatine. — Préparation des matières (macération). — Préparat. des bouillons dans les autoclaves. — Évaporat. en présence de SO^2 pour décolorer. — Solidificat. dans des moules. — La gelée est débitée en morceaux et séchée dans des étuves sur des filets.

— 109 —

Propriétés: Ins. dans l'eau froide, elle se gonfle en absorbant jusqu'à 40 fois son poids d'eau; sol. dans l'eau chaude; se prend en gelée par refroidissement.

Une longue ébullition avec l'eau, où la présence des acides ou des alcalis modifient sa propriété de faire gelée. — Le produit est altéré avec SO^4H^2 et donne AH^3, glycocolle et leucine. — Les solut. étendues restent liquides, l'alcool les précipite, de même que les solut. de $HgCl^2$ et les tannins. — Solubles à froid dans les alcalis, les acides.

Usages: Gelées (non alimentaires). — Colle forte. — Préparation des gélatines nutritives pour cultures microbiennes.

MATIÈRES CORNÉES : KÉRATINE. C'est la mat. azotée de l'épiderme, cornes, ongles, sabots, cheveux, poils, laine, plumes; fanons de baleine, etc. — Insol. dans l'eau, l'alcool, l'éther, les acides étendus. — Produit très hygroscopique (hygromètre à cheveux) se gonfle dans l'eau, et surtout par l'acide acétique. Les alcalis caustiques la dissolvent à chaud.

MATIÈRES PROTÉIQUES DIVERSES : *Nucléine,* contient du P et est renfermée dans les globules de pus, dans le cerveau, le sperme, etc.

Colloïdine : Sol. dans l'eau, précipitée par l'alcool, non coagulable par la chaleur, ni par l'ac. acétique, ni par les sels métalliques; a été trouvée dans les tumeurs colloïdales.

Chitine : Partie organique de la carapace des animaux articulés; ne se dissout que dans les acides concentrés.

Produits de désassimilation des matières albuminoïdes.

Les produits ultimes sont: H^2O, CO^2 et urée. — Les produits intermédiaires, quelquefois excrétés en partie, sont assez nombreux.

Ils constituent des corps se rattachant plus ou moins :

1º A des uréides complexes.

Quelques-uns de ces corps sont liés les uns aux autres par des analogies de composition; tels par exemple les suivants :

$$\text{Acide urique} \ldots \ldots \ldots \ldots C^5H^4O^3A^4$$
$$\text{Xanthine} \ldots \ldots \ldots \ldots \ldots C^5H^4O^2A^4$$
$$\text{Hypoxanthine} \ldots \ldots \ldots \ldots C^5H^4O\,A^4$$

2º Au glycocolle et à ses homologues (leucines) et à la classe des composés amidogènes divers. — Tels sont : la névrine (voir Dérivés ammoniacaux) et les lécithines desquelles elle dérive.

3º D'autres constituent des alcools simples ou à fonctions mixtes: cholestérine, matières dérivées des acides gras volatils ou fixes: ac. formique, acétique, propionique, butyrique, valérique, etc., etc., et des éthers divers tels que les corps gras.

Beaucoup de ces composés ont été examinés dans la première partie du cours. Ceux restant à connaître et provenant ou non de la désassimilation des albuminoïdes, vont être passés en revue. — Quelques-uns plus spéciaux seront étudiés en même temps que les tissus ou liquides de l'organisme.

ACIDE URIQUE $C^5H^4O^3A^4$: Se trouve dans l'économie et surtout dans les urines. — Corps blanc cristallisé; inod. et insipide. — Très peu sol. dans l'eau; insol. dans l'alcool et l'éther.

PRÉPARATION: 1° Extract. des urines par précipit. au moyen de HCl. — 2° Extract. du guano et des excréments de serpents; traitement par KOH, filtration; précipitation d'urate acide de K par act. de CO^2; purificat. et dissolut. dans KOH et précipitat. par HCl.

Constitution de l'acide urique?

PROPRIÉTÉS: Décomposé par la chaleur en: urée, ac. cyanique, CO^3AH^4, CAH et C. — Oxydé par PbO^2 à l'ébullition, il donne par hydrat. et oxydat. de l'urée et de l'alloxane $C^4H^2O^4H^2$, qui n'est autre chose que l'uréide mésoxalique $CO(A^2H^2[C^3O^3]'')$. — L'oxydat. par AO^3H donne en outre d'autres uréides, tels que: ac. alloxanique, dialurique, carbalurique, oxalurique, parabanique, allanturique, de l'alloxantine et de l'allantoïne (voir Uréides).

L'hydrogène naissant le transforme en xanthine et hypoxanthine ou sarcine.

Urates: Ac. bibasique; les urates neutres sont peu solubles, à l'exception de l'urate de lithium. — Les urates acides sont très peu solubles et précipitent lorsqu'on traite les urates neutres par CO^2. — Certains sels: les phosphates alcalins, facilitent un peu la solubilité de l'acide urique. L'urate acide d'AH^3 est presque insoluble dans l'eau. L'urate neutre n'est pas connu.

RÉACTIONS DE L'ACIDE URIQUE (formation de la muréxide): Traiter l'acide urique par un peu d'AO^3H, évaporer à siccité; résidu jaune, puis rouge, devenant pourpre par l'act. de AH^3. — Autres réactions.

XANTHINE ($C^5H^4O^2A^4$): Produit retiré des muscles, ou par l'action de AO^3H sur la guanine. — Poudre blanche presque insol. dans l'eau froide et très peu sol. dans l'eau chaude; insol. dans l'alcool et l'éther.

PROPRIÉTÉS: Se décompose à 150°. Sol. dans les solut. alcalines ou acides. — Grande analogie avec la sarcine.

HYPOXANTHINE ou SARCINE $C^5H^4OA^4$: Produit retiré de l'extrait aqueux de viande; assez répandu dans l'organisme. — Corps en poudre blanche formée d'aiguilles microscop.; sol. dans 300 p. d'eau froide, insol. dans l'alcool.

PROPRIÉTÉS: Se décompose à 150°. — L'oxydation (AO^3H) la transforme en xanthine. — Elle se combine aux acides, aux bases et à certains sels.

CARACTÈRES: Sol. dans HCl concentré. — Cette solut. étendue d'eau précipite en jaune par $PtCl^4$.

CARNINE $C^7H^8OA^4$: Retirée de l'extrait de viande. C'est le second homologue supérieur de l'hypoxanthine.

GUANINE $C^5H^5OA^5$: Produit retiré du guano, mais se trouvant dans l'organisme. — Poudre blanche; insol. dans l'eau, l'alcool et l'éther.

CRÉATINE $C^4H^9O^2A^3 + H^2O$: Se trouve et est assez répandue dans l'organisme et surtout dans le suc musculaire. Corps blanc cristallisé: saveur amère; sol. dans 75 p. d'eau froide; très sol. dans l'eau bouillante; peu dans l'alcool (1 0/0).

PRÉPARATION : Extraite de la chair musculaire par divers procédés, ou mieux de l'extrait de viande; qu'on dissout dans 20 p. d'eau; qu'on précipite par s. acétate de Pb. — On évapore en consistance sirupeuse après élimination du Pb par H^2S, et on fait cristalliser.

SYNTHÈSE : Obtenue: 1º par l'act. de la sarcosine sur la cyanamide; 2º par l'hydrat. de la créatinine sous l'influence des alcalis.

PROPRIÉTÉS : Neutre aux réactifs; mais peut se combiner aux acides pour former des sels. — L'ébullition prolongée lui fait perdre H^2O et la transforme en *créatinine*. — L'ébullit. avec eau de baryte fixe $2H^2O$ et donne : sarcosine et urée.

CRÉATININE $C^4H^7OA^3$: Se trouve principal' dans l'urine d'où on la retire par concentrat. et précipitat. par $ZnCl^2$. — Corps blanc cristallisé, soluble dans 11 à 12 p. d'eau.

PROPRIÉTÉS: base très puissante. — Elle est transformée par HgO en méthylguanidine.

LÉCITHINES : Substances blanches; cristallisat. confuse; insol. dans H^2O; sol. dans l'alcool bouillant et dans l'éther. L'eau les gonfle et les transforme en une espèce d'empois.

ÉTAT NATUREL : Jaune d'œuf; cerveau, nerfs, sperme, pus, sang, bile (tous les liquides de l'organisme).

PRÉPARATION : On épuise le jaune d'œuf par l'éther bouill'. — Il se dissout de l'huile d'œuf et de la lécithine. — On fait évaporer, on reprend le résidu par l'alcool à chaud, on filtre et on refroidit à — 10º. La lécithine se dépose sous forme de grumeaux.

CONSTITUTION : Oléo-margaro-glycérophosphate de triméthylhydroxéthylèneammonium.

PROPRIÉTÉS : Les acides dédoublent ce corps (les bases aussi) en névrine et en acide oléo-stéaro-phosphoglycérique.

AUTRES LÉCITHINES, *cérébrine, cérébrote, acide cérébrique* : retirée du cerveau, ne renferme pas d'acide phosphoglycérique. — C'est un mélange d'oléate, margarate et palmitate de névrine.

PROTAGON ou MYÉLOCOME (Kuhn) ou matière grasse blanche (Vauquelin) retirée du cerveau. — C'est un mélange de lécithine et de cérébrine.

La *myéline* est de la lécithine impure.

CHOLESTÉRINE $C^{26}H^{44}O,H^2O$: Corps inod. gras au toucher. — Cristaux en lames très minces rhomboïdales caractéristiques, fond à 137°; bout à 360° dans le vide. — Insol. dans l'eau, les acides étendus et les alcalis; insol. dans l'alcool froid; sol. dans l'alcool bouillant, l'éther, le chloroforme, le benzène, les corps gras, les solutions savonneuses. — Lévogyre.

Origine végétale et animale (princip^t bile).

Préparation : Retirée des calculs biliaires.

Propriétés : C'est un alcool tertiaire avec lequel on obtient des hydroc. $C^{26}H^{42}$ ou *cholestérilènes* isomériques. — On connaît des éthers. — L'AO^{3}H décompose ce produit en donnant $C^8H^{10}O^5$ ac. *cholestérique* et d'autres acides : acétiques et homologues.

Réactions caractéristiques : 1° Traitée par SO^{4}H^2 concentré et un peu de CHCl^3, on obtient coloration rouge qui devient bleue, verte et disparaît.

2° Donne colorat. rouge, lorsqu'on la traite comme l'acide urique pour obtenir la muréxide.

MATIÈRES SUCRÉES DE L'ORGANISME : INOSITE $C^6H^{12}O^6 = (C^6H^6)(OH)^6 + 2H^2O$ — (phaséomannite des végétaux) — corps sol. blanc, sav. sucrée, sol. dans l'eau, peu sol. dans l'alcool ; insol. dans l'éther — sans act. sur lumière polarisée. — Mais on connaît une inosite lévogyre, une dextrogyre et une neutre résultant de l'union de ces deux dernières. (Origine animale : muscles et les gros organes, urines pathologiques).

Préparation : 1° Retirée du muscle en même temps que la créatine : elle se trouve dans le précipité plombique.

2° Retirée de l'extrait de feuilles de noyer.

Propriétés : Corps assez stable : hexalcool cyclique, donne des éthers par exemple l'*inosite hexanitrique* — ne précipite pas par l'acétate neutre de Pb, mais bien par l'acétate basique. — Ne fermente pas alcooliquement. — La fermentation bactérienne donne : ac. lactique et butyrique. — Ne réduit pas la liq. de Fehling ; ne brunit pas par KOH.

Réactions : 1° (Gallois) Précipité jaune avec $(AO^3)^2Hg$. — Devient rouge à chaud et se décolore à froid.

2° (Scherer) : Évaporation avec AO^{3}H ; add. de AH^3 et de CaCl^2 ; en évaporant de nouveau, il se produit une belle colorat. rose.

GLUCOGÈNE $(C^6H^{10}O^5)^n$. — Corps blanc, pulv. inod. très sol. dans l'eau : solut. laiteuse ; insol. dans l'alcool et l'éther. — Dextrogyre comme dextrine.

Origine : Très répandu dans l'organisme (foie).

Préparation : Foies d'animaux (brusquement tués) traités immédiatement par l'eau bouillante pour empêcher la transformation en glucose, — trituration et ébullition, — concentration et précipitation par alcool, — purification.

Propriétés : Grande analogie avec dextrine. — Les acides minéraux étendus, les ferments de l'organisme, le transforment en glucose ordinaire. — Il ne réduit pas la liqueur de Fehling.

CONSIDÉRATIONS GÉNÉRALES SUR LA DÉCOMPOSITION D'ORDRE BIOLOGIQUE DES MATIÈRES ALBUMINOÏDES : Effet de la vie d'une cellule organisée : microbes et cellules de l'organisme ; production d'alcaloïdes et de ferments solubles ou diastases.

1° *Alcaloïdes :* Variabilité de la nature de l'alcaloïde produit avec la nature de la substance alimentaire de la cellule, et avec son état de vie aérobie ou anaérobie. — Alcaloïdes vénéneux et non vénéneux. — Altérabilité de ces produits ; les plus vénéneux sont généralement les plus altérables. — Composition variable des produits alcaloïdiques de la putréfaction ; produits non oxygénés et oxygénés. — *Ptomaïnes* ou *alcaloïdes cadavériques* ou de putréfaction et *Leucomaïnes* ou alcaloïdes produits pendant la vie des organes. — Analogie entre ces composés.

Recherche des *Ptomaïnes* et des *Leucomaïnes :* Caractérisation de ces substances. — Recherches toxicologiques. — Recherche dans les substances alimentaires, altérées (poissons, viandes, conserves, etc., etc.).

2° *Ferments solubles ou diastases :* Produits azotés, capables de produire des phénomènes chimiques en hydratant les substances complexes — Amylases, sucrases, etc.

EXTRACTION : Ils sont entraînés par les précipités amorphes qui se forment au sein de leur solution (PO^4H^3 et CaO). — Ils sont insolubles dans l'alcool et dans l'éther, solubles dans la glycérine. — Corps blancs, solides, amorphes.

La *diastase* produite dans la germination de l'orge y transforme l'amidon en maltose.

La *ptyaline* de la salive, en milieu pas trop acide, transforme l'amidon en dextrine et en glucose.

La *pepsine* du suc gastrique, en milieu légèrement acide, transforme les matières albuminoïdes en syntonines et en peptones.

Les *pancréatines* du suc pancréatique, en milieu alcalin, jouissent des propriétés : peptonisante *(trypsine)*, saccharifiante et saponifiante des corps gras.

L'*invertine* des levures et du suc intestinal transforme la saccharose en sucre interverti.

Liquides et tissus de l'organisme.

SUCS DIGESTIFS : SALIVE : Sécrétée par 3 paires de glandes différentes, et 3 salives différentes. — Salive mixte : liq. inc. filant ; $D = 1,004$ à $1,006$. Réaction neutre, acide ou alcaline.

COMPOSITION : Eau, ptyaline, isosulfocyanate de K et sels divers.

Diagnose et dosage des éléments constitutifs.

Effets de la salive mixte sur les aliments.

Recherche des substances éliminées par la salive.

SUC GASTRIQUE : Se produit pendant la digestion. — Liq. incol, très fluide; D = 1,005; renferme 5 à 6 0/00 de matériaux solides.

COMPOSITION : Eau, pepsine, acides libres (HCl) et sels divers.

Action du suc gastrique sur les aliments albuminoïdes.

Diagnose et dosage de l'acidité totale du suc gastrique. HCl, ac. lactique, phosphates acides. Emploi des procédés acidimétriques ordinaires.

Diagnose de HCl libre en présence de l'ac. lactique : 1° Par l'emploi de violet de méthyle ou de gentiane qui passent au bleu. 2° Par le réactif de Gunzbürg (phloroglucine 2 p.; vanilline 1 p.; alcool 30 p.) qui devient rouge cramoisi lorsqu'il est chauffé avec un liquide renfermant des traces de HCl.

Analyse du suc gastrique dans les cas pathologiques. — Repas d'épreuve. — Moyen de recueillir le suc gastrique.

Suc gastrique artificiel. — Digestions *in vitro*. — Succédanés de la pepsine. — *Papaïne*.

SUC PANCRÉATIQUE : Liq. albumineux, incol., inod., alcalin.

COMPOSITION : Eau, albumine spéciale, pancréatines (3 différentes): inosite, leucine, tyrosine, matières grasses et butyreuses, savons et sels minéraux.

Analyse et séparation des 3 pancréatines.

Altération du suc pancréatique, fermentation bactérienne subséquente. — Indol.

SUC INTESTINAL : Sécrété par les glandes de Lieberkühn et de Brunner. — Liq. fluide jaune, alcalin. — Il renferme plusieurs ferments solubles.

SANG : Liq. rouge contenu dans le cœur et dans les vaisseaux.

Composition sommaire : { Partie solide (globules)...... } Caillot. { Liquide ou plasma. { Fibrine. { Sérum.

COMPOSITION DES GLOBULES : Leucocytes, hématoblastes et hématies; renferment : eau, graisses, cholestérine, lécithine, hémoglobine, globuline, principes organiques divers et principes minéraux.

COMPOSITION DU PLASMA : Eau, graisses, savons, sérine, substance fibrinoplastique, caséine, cholestérine, glucose, urée, acide urique, carbonates, créatine, hypoxanthine, acide hippurique, sels: Cl, CO^2, SO^4H^2, PO^4H^3 unis à K, Na, Ca, Mn. — Gaz: CO^2, A et traces d'O.

GLOBULES: *Hématies : formes :* hommes: aplaties, discoïdes (lentille biconcave); caméliens, reptiles et oiseaux : elliptiques. — *Dimension :* homme, 7 à 8 μ; éléphant, 10 μ; mouton, 4 à 5 μ; globules elliptiques jusqu'à 60 μ. — *Volume moyen* chez l'homme : 0^{mm^3} 000 000 072. — *Nombre* (environ) : 5 000 000 par mm^3. — Numération : divers procédés Vierordt, Malassez, Hayem, etc.

Coagulation du sang : Globules et plasma avant, caillot et sérum après. — Formation de la fibrine; diverses hypothèses. — La fibrine ne préexiste pas dans le plasma qui renferme au moins un générateur. — Le contact avec l'air, l'agitation, une température de 40° favorisent la coagulation du sang; — le froid, l'addit. de certains sels, le sucre, la glycérine la retardent.

Sang défibriné : Agitat. avec baguette. — Ne se coagule plus.

Hémoglobine ($C^{600}H^{9CO}A^{154}FeS^3O^{179}$?) Subst. complexe, ayant quelque analogie avec les matières albuminoïdes.

Préparation : On fait extravaser l'hémoglobine des globules sanguins, et on traite par des agents dans lesquels elle est insoluble (alcool, éther, etc.).

Formation de cristaux pour examen microscopique : Sang défibriné 1 g^{tte} sur porte-objet, on laisse évaporer un peu, on dépose au centre une goutte d'eau et on couvre avec une lamelle.

Formes des cristaux : Rhomboédrique : homme, singe, chat, chien, cobaye, lapin, cheval, bœuf, mouton, porc, pigeon, grenouille. — Hexagonale : écureuil, souris et rat.

Propriétés : Biréfringente. — Spectroscopie : 2 bandes d'absorption, en D et en E. — Après l'act. des corps réducteurs $H_2(AH^i)HS$, SO^4Fe, hydrosulfites alcalins, levure de bière : une seule bande entre D et E (Stokes). — L'agitation avec O ramène l'état primitif. — Hémoglobine *réduite* présentant une seule bande et hémoglobine *oxygénée* ou *oxyhémoglobine* : 2 bandes. — Corps très altérable, même à températ. ordinaire. — Desséchée dans le vide au-dessous de 0° devient inaltérable, peut se conserver et même être chauffée à 100°. Très sol. dans l'eau (sol. étendues stables), — action des microbes. — Insol. dans les autres dissolvants généraux et précipitée par eux de ses solut. aqueuses.

L'eau oxygénée se décompose au contact des globules sans les altérer, mais décompose, en même temps qu'elle se détruit, l'hémoglobine extraite des globules (atmosphère gazeuse).

Action des acides sur l'hémoglobine : 1° Acides ne précipitant pas, mais déterminant des changements optiques, en même temps qu'il se forme des matières colorantes privées de fer : acides gras volatils, lactique, malique, tartrique, citrique, oxalique, orthophosphorique.

2° Ac. coagulant à chaud, pas à froid : CO^2 et pyrogallol.

3° Ac. coagulant à froid : AO^3H, SO^4H^2, CrO^3, HCl.

4° Ac. coagulant à toute températ. et à tous degrés de concentration : PO^3H.

Résultats de l'act. des acides sur l'hémoglobine : Elle est dédoublée en : *hématine* qui contient tout le fer; substances *albuminoïdes* diverses, et quelques acides gras volatils. — L'aspect de la solut. au spectroscope est changé; il en est de même de la couleur.

Action des alcalis : Comme les acides; mais le dédoublement est plus difficile et plus lent, les matières albuminoïdes produites restent en dissolution. — Les alcalis très étendus n'altèrent pas l'hémoglobine, ils donnent au contraire des solutions très stables, ce qui a fait supposer que l'hémoglobine pouvait jouer un rôle d'acide faible.

ACTION DES GAZ SUR L'HÉMOGLOBINE : 1° L'oxyhémoglobine perd dans le vide de l'oxygène combiné avec elle.

2° L'hémoglobine réduite agitée avec O absorbe ce gaz. 1^{cc}67 pour 1 gr. d'hémoglobine réduite (dégagement de chaleur).

3° CO : déplace O dans le sang (vol. à vol.) *hémoglobine oxycarbonée;* spectre semblable à celui de l'oxyhémoglobine; les corps réducteurs et les gaz inertes ne déplacent pas CO (intoxication par CO).

4° AO² : combinaison très stable; spectre semblable aux précédents, déplace CO et O; les agents réducteurs sont sans action.

5° Acétylène, acide cyanhydrique : donnent aussi des combinaisons.

MÉTAMORPHOSES DE L'HÉMOGLOBINE dans le sang : Dans les capillaires l'oxyhémoglob. se réduit. Dans les poumons elle absorbe l'oxygène.

DÉRIVÉS DE L'HÉMOGLOBINE : 1° *Méthémoglobine:* produit par l'altération des solutions d'hémoglobine qui deviennent brunes et ne possèdent plus ni les caractères de l'oxyhémoglobine, ni ceux de l'hémoglobine réduite, ni ceux de l'hématine. — Corps intermédiaire contenant plus d'O que l'hémoglobine réduite et moins que l'oxyhémoglobine. — Pour Henninger, ce serait un composé contenant Fe² au lieu de Fe. — La méthémoglobine est fixe, ne perd pas d'O dans le vide. — Son spectre a certaines analogies avec celui de l'hémoglobine.

2° *Hématine:* produite par le dédoublement de l'oxyhémoglobine ou de l'hémoglobine, au contact de l'oxygène.

3° *Hémochromogène:* produite par le dédoublement de l'hémoglobine réduite à l'abri du contact de l'air, ou par l'action de subst. réductrices énergiques sur les solutions alcalines d'hématine. — L'hémochromogène au contact de l'air se transforme en hématine.

4° *Hématoporphyrine:* Obtenue en précipitant par H²O une solut. d'hématine dans SO⁴H² concentré.

5° *Hématoïdine:* Anciens foyers hémorragiques; même formule que la bilirubine (sans fer).

HÉMATINE C⁶⁸H⁷⁰O¹⁰A⁸Fe² : Ne contient pas de S.

PRÉPARATION : On forme d'abord une combinaison d'hématine et de HCl (hémine) qu'on dissout dans KOH très étendue, et on traite par HCl.

PROPRIÉTÉS : Poudre amorphe; bleu noir avec reflets métalliques. — Insoluble dans tous les dissolvants généraux; dans l'eau acidulée; soluble dans l'eau alcaline; dans l'alcool contenant des acides ou des alcalis. — Spectroscopie : une bande d'absorption entre C et D.

COMBINAISON AVEC HCl ou *Hémine:* Cristaux pour préparat. microscopique. — Action de la chaleur sur sang desséché renfermant des traces de NaCl, addit. d'un peu d'acide acétique cristallisable (caractéristique).

ÉTAT DES GAZ DANS LE SANG : *Oxygène :* Une petite quantité en dissolution, la majeure partie en combinaison avec l'hémoglobine.

Azote : En dissolution; une petite quantité en combinaison dans les globules; atmosphère des globules.

Gaz carbonique : Presque tout dans le plasma à l'état de bicarbonate de soude dont la moitié est expulsée par le vide. S'il y en a un excès, il est en dissolution ou en combinaison instable avec le phosphate de soude PO^4Na^2H,CO^2. — La partie en dissolution peut être faiblement combinée avec les substances albuminoïdes.

COMPOSITION DES GAZ RETIRÉS DE 100 PARTIES DE SANG :

a Artériel, $O = 22^{cc},2$; $A = 2^{cc}$; $CO^2 = 31^{cc},3$.
b Veineux, $O = 12^{cc}$; $A = 1^{cc},5$; $CO^2 = 44^{cc}$.

ANALYSE COMPLÈTE DU SANG : *Principe :* On laisse le sang se coaguler, on analyse le sérum obtenu et on ajoute au nombre trouvé ceux résultant du sérum qui est resté interposé dans le caillot.

1º Au bout de vingt-quatre heures, on décante le sérum, on le pèse et on y dose :

    1º L'eau par évaporation à 100º;
    2º La sérine par coagulation par l'alcool;
    3º Les matières extractives non précipitables par l'alcool;
    4º Les sels.

Les nombres obtenus ne s'appliquent qu'à une partie seulement du sérum. On devra ensuite multiplier par un facteur dépendant de la quantité de sérum restée dans le caillot.

2º On pèse le caillot humide. — On le malaxe dans une solution de SO^4Na^2 à 17º Bé.

1º La fibrine reste dans le nouet, on la sèche et on la pèse.

2º Les globules tombent au fond de la solution de SO^4Na^2. On décante au bout de qq. heures, on lave avec sulfate de soude, on laisse égoutter et on pèse.

3º Les eaux mères sont coagulées par AO^3H, on recueille et on pèse la sérine qui provient du sérum interposé.

On cherche le rapport qui existe entre le poids de cette sérine et celui trouvé dans le dosage du sérum. — Le rapport représente le coefficient pour les nombres ci-dessus.

DOSAGE DES GLOBULES PHYSIOLOGIQUES ET DU PLASMA (A. Gauthier) : — *Principe :* Le $CaCl^2$ empêche la coagulation du sang. — On sépare par filtration le plasma des globules, et en dosant le $CaCl^2$ dans plasma et dans globules, on déduit le plasma interposé.

RECHERCHE MÉDICO-LÉGALE DU SANG : 1º Examen des taches et action de certains réactifs. — 2º Examen microscopique. — 3º Examen spectroscopique. — 4º Cristaux d'hémine. — Recherche du fer.

COMPOSITION MOYENNE DU SANG : Plasma 2 p.; globules 1 p.
Globules : Eau 565 p.; matériaux solides 435 p.
Plasma :   — 900 p.;   —   — 100 p.

Composition des mat. solides du plasma : sérine, 77 p.; fibrine ou éléments constitutifs, 10 p.; sels, 8 p.; matières diverses, 5 p.

DOSAGE DE L'HÉMOGLOBINE : 1° Par le dosage du fer dans les cendres, 0,48 de fer p. 100.

2° Par le spectroscope : On arrête la dilution quand le vert commence à apparaître.

3° Procédés colorimétriques : Colorimètres divers en se servant d'une solution titrée d'hémoglobine à 1 0/0 ou d'une lame de verre rouge titrée.

4° Dosage par l'oxygène absorbé, 1 gr. d'hémoglobine absorbe $1^{cc},67$ d'oxygène pour se transformer en oxyhémoglobine, pompe à mercure ($1^{cc},44$), méthode de Schutzemberger et Risler ($1^{cc},98$).

DOSAGE DU SUCRE : On ajoute au sang 3 à 4 vol. d'alcool et quelques g^{ttes} d'acide acétique. On laisse reposer qq. temps et on filtre. — On évapore l'alcool, on reprend encore par l'alcool qu'on évapore, puis par H^{2}O et on dose à la liq. Fehling.

DOSAGE DE L'URÉE : On coagule le sang avec 3 à 4 vol. d'alcool et acide acétique, on fait bouillir, on filtre, etc. — On fait un extrait alcoolique, puis aqueux et on y dose l'urée avec l'hypobromite de soude.

LYMPHE : Liq. visqueux, transparent ou bien opalescent, des vaisseaux lymphatiques. — Globules blancs ou leucocytes. — Coagulation de la lymphe extravasée. — Analyse de la lymphe.

CHYLE : Même composition générale que la lymphe. La richesse des éléments extractifs augmente pendant la digestion.

TISSU ADIPEUX : Cellules de tissu conjonctif, renfermant des graisses liquides à la température du corps, et se solidifiant après la mort.

COMPOSITION : Stéarine, palmitine et oléine en proportions variables avec la région du corps.

ANALYSE DU TISSU ADIPEUX : Dessiccation, épuisement par l'éther ou autre dissolvant, détermination du point de fusion et de solidification; extraction des acides gras et détermination de leur point de solidification.

TISSU NERVEUX : Structure histologique, cellules nerveuses, fibres nerveuses, gaines de Swann, etc.

COMPOSITION : Eau, matières protéiques, albumine insoluble, caséine, myosine, élastine, névrokératine, mat. collagène, nucléine, lécithine et cérébrine (protagon) inosite, produit de désassimilation des lécithines et des matières protéiques, et enfin mat. minérales.

ANALYSE DE LA MAT. NERVEUSE : Eau; mat. organiques et cendres, extraits alcooliques, extrait éthéré et extrait aqueux.

TISSU MUSCULAIRE : Structure histologique.

COMPOSITION : Eau, mat. protéiques, tissu conjonctif ou mat. collagène, myosine, albumines coagulables par la chaleur, créatine, créatinine, sarcine ou hypoxanthine, xanthine, mat. sucrées : glucose, dextrines, inosite; taurine; corps gras; acides lactique, urique, formique, acétique, butyrique; matières colorantes; hémoglobine, etc., etc. Sels minéraux CO^2, SO^4H^2, PhO^4H^3, unis à : Na, K, Ca, Ma et Fe.

ANALYSE DU TISSU MUSCULAIRE a : Dosage de l'eau, des principes solides, des cendres et dosage spécial de l'A. — b : Séparation des éléments constituants par l'emploi des dissolvants appropriés, des précipitations et cristallisations fractionnées.

Viandes diverses — leur propriété nutritive — viandes de 1re, 2e et 3e qualité — viande de bœuf et d'animaux adultes — viandes d'animaux naissants — chair des oiseaux et des poissons — poudre de viande — viande crue, son emploi, ses avantages et ses inconvénients.

TISSU OSSEUX : Constitution anatomique.

COMPOSITION CHIMIQUE DES OS FRAIS : Eau; graisse (moelle); osséine; mat. minérales.

COMPOSITION DES OS SECS ET DÉGRAISSÉS : Mat. organique, 28 0/0; mat. minérales, 72.

CENDRES D'OS : Phosphate tricalcique 85 0/0; de Mg 1,5; CO^3Ca 9; $CaFl^2$ 4,5.

ACTION DE LA CHALEUR : *en vase clos :* Noir animal; *au contact de l'air :* cendres d'os. — Action des acides (osséine).

Analyse des os frais, — dosage des éléments constitutifs.

INDUSTRIE DES OS (Établissements insalubres) : 1° Triage et emploi des os en tabletterie, ivoire, etc. 2° Dégraissage et suif d'os. 3° Gélatine. 4° Noir animal (distillat. dans les pots; dans les cornues avec condensation des goudrons et liquides alcalins). 5° Cendres d'os et phosphates.

CONSTITUTION DES DENTS : Pulpe dentaire, cément, dentine ou ivoire. émail.

L'*ivoire* a la même composition générale que les os avec moins de mat. organique. — Composition essentiellement variable avec les animaux (éléphant : beaucoup de phosphate de magnésium).

L'*émail :* très dur, cristallise en prismes à 6 pans; ne contient que 4 à 5 0/0 de matières organiques. — Il renferme du fluophosphate de calcium (apatite).

ANALYSE DES DENTS : Séparation et dosage des principes constituants.

2ᵉ Sous-Division. — INGESTA.

DÉFINITION : Toute substance introduite dans le tube digestif dans un but direct ou indirect de nutrition. — Apéritifs et condiments, antidéperditeurs et aliments.

APÉRITIFS ET CONDIMENTS : Excitants du tube digestif: amers en général, poivre, muscade, moutarde, acides, etc., etc. Avantages et inconvénients de ces substances. — Leur étude sommaire.

ANTIDÉPERDITEURS : modificateurs de la combustion vitale: alcools, eaux-de-vie, rhums et liqueurs alcooliques; infusion de café, thé, maté, noix de coca. — Étude sommaire de tous ces composés.

ALIMENTS : ou substances renfermant des produits devenant assimilables et destinés à réparer dans l'âge adulte les pertes de l'organisme.

DIVISION DES ALIMENTS : 1° En aliments liquides : eau et boissons; et solides : mat. organiques diverses et sels minéraux. 2° En aliments simples ou ne renfermant qu'une série de substances immédiates, tels que les aliments: hydrocarbonés, sels minéraux, amidon, corps gras, sucres, albumines; et en aliments mixtes ou complexes renfermant en même temps et en proportion variable tous les principes utiles à l'organisme. Ce sont les plus nombreux.

LISTE DES ALIMENTS MIXTES : 1° Boissons : infusions diverses, vins, bières, cidres et poirés.

2° ALIMENTS D'ORIGINE VÉGÉTALE : Féculents, pain et pâtes alimentaires. — Légumes et végétaux divers.

3° ALIMENTS D'ORIGINE ANIMALE : Œufs, lait, chair et organes divers des animaux.

CONSIDÉRATIONS GÉNÉRALES SUR LES ALIMENTS : Choix judicieux des aliments : sains et frais. — Aliments ingérés crus ou cuits. — Effets de la cuisson sur les divers aliments: préparation des mets. — Mets complexes; emploi dans leur confection d'aliments simples, eau, fécules, sucres, corps gras, végétaux, parties animales, albumines, etc. Aliments ou mets légers et lourds; de digestion facile et difficile. — Aliments directement assimilables : sucre interverti, peptones. — Aliments indigestes. — Substances ne se digérant pas (cellulose, gélatines, matières cornées, etc.).

Action des sucs digestifs : salive, sucs : gastrique, pancréatique et intestinal sur les aliments simples et complexes.

— 121 —

Altération des aliments : destruction microbienne et formation de *plomaines* qqf. toxiques (chair corrompue).

Conservation des aliments : *Emploi des antiseptiques*. — Acide salicylique; cas dans lesquels on l'utilise (recherche). — Acide borique et borate de soude; cas dans lesquels on l'utilise (recherche). — Acide sulfureux et bisulfites, etc.

Action sur l'économie des aliments renfermant des antiseptiques. — Interdiction de l'usage de ces produits (acides benzoïque, salicylique, borique, etc.).

Procédé Appert : Chauffage assez prolongé à une température élevée et conservation à l'abri du contact de l'air (ce procédé est assez général). — Examen judicieux de la nature des vases de conserve. — Présence du plomb dans les conserves; soudures des boîtes et étamage à l'étain fin, c. à d. pur et exempt de Pb.

Autres procédés : Dessiccation ; enrobages divers; immersion dans certains liquides : alcool, eau-de-vie, vinaigre, huile; salaisons (sel ordinaire, salpêtre); fumaisons. — Conservation par le froid : glacières, bateaux et wagons pour le transport des viandes, des bières, etc., etc.

Examen sommaire des principaux produits conservés : Œufs, viandes, poissons, légumes (reverdissage), fruits.

FALSIFICATION DES SUBSTANCES ALIMENTAIRES : Presque toutes les substances alimentaires peuvent être sophistiquées. — Ces falsifications sont universellement interdites. — Elles peuvent se diviser en falsifications au moyen de substances nuisibles et non nuisibles. — Lois et décrets qui régissent ces matières. — Inspection des marchés et des débitants de subst. alimentaires. — Inspecteurs. — Laboratoires municipaux.

Recherches des falsifications spéciales et propres à chaque substance alimentaire en particulier.

COLORATIONS DES SUBSTANCES ALIMENTAIRES : Quelques substances peu importantes au point de vue alimentaire peuvent être colorées artificiellement : bonbons et sucreries, liqueurs et sirops.

Couleurs tolérées : *Blanc* de Meudon, SO^4Ba. — *Violet* : outremer violet, extrait d'orseille, mélanges de bleus et de rouges inoffensifs. — *Bleu* : de Prusse, outremer bleu, carmin d'indigo, tournesol, bleu d'orseille. — *Vert* : outremer vert, suc d'épinard, vert de Chine (Lokao) et mélanges de couleurs jaunes et bleues inoffensives. — *Jaune* : ocres jaunes, safran, carthame, curcuma, graines de Perse, d'Avignon; bois jaunes et laques avec ces substances. — *Orangé* : rocou. — *Rouge* : cochenille et carmin de cochenille, bois rouge, suc de cerises, alizarine et purpurine artificielle; laques avec ces substances. — *Brun* : caramel, cachou.

Couleurs interdites : Couleurs renfermant Pb, Cu, As, Sb, Hg, Cr. — Gomme-gutte, aconit, fuchsine et ses dérivés. — Éosine. — Matières organiques nitrées ou nitrosées; azoïques ou diazoïques.

— 122 —

VINS : Produit de la fermentation du jus de raisin frais et arrivé à maturité. — Raisins; vendanges; moût; fermentation du moût; soutirage; vin de goutte mère. — Vin de 2° cuvée ou vin de sucre.

COMPOSITION : Eau, alcool ordinaire, autres alcools, glycérine, éthers, acides organiques libres ou combinés, ac. succinique, malique, tartrique, crème de tartre, mat. sucrées, tannin, mat. colorantes.

CLASSIFICATION DES VINS : Rouges et blancs. — Vins secs, liqueurs, mousseux. — Conservation des vins. — Maladies des vins : vins fleuris, piqués, tournés, amers, gras.

ANALYSE DES VINS : *Densité :* Méthode du flacon ou des densimètres.

Alcool : Alambic de Salleron ; précautions à prendre, procédé Pasteur. Ébulliomètres : Malligand, Salleron, Amagat, etc. — Appareil Périer. — Réfractomètre. — Liquomètres capillaires. — Compte-gouttes, etc.

Acidité totale : Prise à la soude $N/10$ ou avec l'eau de chaux titrée. — On exprime les résultats en SO^4H^2.

Extrait sec : 1° Procédé œnobarométrique. — 2° Évaporation de 20^{cc} de vin au B. M. pendant 6 h. à 100° dans capsule de platine. — 3° Évaporation à froid dans le vide sec.

Cendres : Incinération au rouge sombre de l'extrait sec obtenu à 100°. — Remarques à propos de l'extrait des vins.

Alcalinité des cendres : Déterminée par reste avec l'indicateur phénolphtaléine.

Crème de tartre : Procédé Pasteur : évaporation au 1/10 d'une certaine quantité de vin ; cristallisation pendant 48 heures ; lavage des cristaux avec solut. saturée à froid de crème de tartre et titrage acidimétrique. — Procédé Berthelot et Fleurieu : précipitation par liqueur éthéro-alcoolique.

Dosage du sucre : au Fehling, après décoloration au noir animal ou au sous-acétate de Pb.

Dosages du tannin, de la glycérine.

COMPOSITION MOYENNE DES VINS BLANCS ET DES VINS ROUGES : 1° D'un vin rouge normal : Alcool 10°. — Extrait sec 20 gr. 0/00. — Acid. totale 4 gr. 50. — Sucre 1 gr. — Crème de tartre 2 à 3 gr. — Sulfate de potasse 0 gr. 50.

2° D'un vin blanc sec = *id.* L'extrait sec moyen est de 18 gr.

Rapport entre l'alcool et l'extrait sec. — Somme acide-alcool.

FALSIFICATIONS DES VINS : *Recherche des mat. colorantes étrangères :* fuchsine (AH^3, éther ordinaire et évaporation avec un brin de laine) ; sulfofuchsine avec PbO^2 ; autres mat. colorantes de la houille, des azoïques, par précipitation avec l'acétate mercurique et par teinture directe de la laine ; des matières d'origine végétale : sureau, hièble, phytolacca, mauve noire, orseille, etc. — Emploi successif des réactifs : AH^3, borax, CO^3NaH, etc., etc.

Plâtrage des vins : Conséquence. — Recherche du plâtrage. — Dosage pondéral du sulfate de potasse. — Dosage volumétrique. Liq. de Marty :

BaCl² crist, 11 gr. HCl, 50 gr. H²O qs. p. un litre. Dans 10cc de vin 1, 2, 3, etc., cc. de cette liqueur correspondent à 1 gr., 2 gr., 3 gr., etc., de SO⁴K² par litre de vin. — Limite de 2 gr. par litre.

Recherche des acides *salicylique, borique, sulfureux,* du NaCl, du *vin de raisins secs,* des *piquettes.* — Du *mouillage* et du *vinage des vins.*

Propriétés toniques et nutritives du vin naturel.

VINAIGRE : On le fabrique avec du vin rouge, blanc; du vin de raisins secs; de l'alcool étendu à 8 0/0; du cidre; du poiré; de la bière. — On en fabrique aussi avec de l'acide acétique étendu d'eau ou bien avec de l'acide pyroligneux. (Voir Acide acétique.)

Composition : Le bon vinaigre de vin renferme 8 0/0 en poids d'acide acétique, il donne 15 à 20 gr. d'extrait sec à 100° par litre. Il doit contenir 2 gr. à 2 gr. 50 de crème de tartre, et ses cendres ne doivent pas dépasser 2 gr. à 2 gr. 50 s'il ne provient pas de vins plâtrés. — D = 1,018 à 1,020.

Dosage de l'acide acétique dans le vinaigre blanc; à la phtaléine avec une liq. alcaline N ou bien au moyen de la liqueur acétimétrique de Réveil (solution de soude additionnée de borate de soude, colorée en bleu par du tournesol). La quantité qu'il faut verser pour obtenir une teinte violacée spéciale représente la force ou le titre du vinaigre.

Dans le vinaigre rouge, on effectue le dosage à la touche.

Analyse des vinaigres : Extrait sec, cendres, alcalinité des cendres, SO⁴K², crème de tartre, sucre (comme dans les vins).

Recherche des acides minéraux libres : Ceux-ci font virer au bleu vert une solution au millième de violet de méthyle, et saccharifient l'amidon.

BIÈRES : Fabrication; maltage; germination de l'orge et dessiccation dans touraïlles. Brassage, infusion ou décoction (drèche); houblonnage; fermentation. — Fermentation haute et basse. — Bières de conserve — Clarification.

Composition : Alcool de 4 à 8°. — Extrait (sucres, dextrines, albuminoïdes) de 40 à 80 0/00. Cendres 2 à 4 gr. 0/00.

Analyse de la bière : Densité; alcool par distillation (après avoir chassé CO²). Extrait sec à 100° (comme pour le vin); cendres par incinération de l'extrait. — Dosage des *dextrines* par act. de l'alcool sur la bière évaporée au 1/10. — Dosage de l'acidité après départ de CO².

Falsification de la bière : succédanés du malt : fécules diverses, glucose. — Succédanés du houblon : acide picrique, noix vomique, aloès, quassia amara, saule, buis. — Antiseptiques : acide salicylique, borique, oxalique, sulfites. — Matières colorantes.

CIDRES : Produits de la fermentation des pommes écrasées.

Composition : alcool 3° à 6°. — Extrait sec (sucre déduit) de 18 à 30 gr. 0/0. Cendres 1,7 à 3 gr. 0/00; alcalinité des cendres (1 à 2,5 gr. en CO³,K²) 0/00.

Analyse du cidre : Se pratique comme celle du vin.
Falsification : Mouillage, addit. de glucose et emploi des antiseptiques.

Lait : Liq. blanc, opaque, saveur sucrée, sécrété par les glandes mammaires. — (Colostrum.) — Sa destination : nourriture des jeunes. — Aliment complet.

Composition : Eau, mat. grasses, lactose, matières protéiques, sels.

	Femme	Vache
Densité à 15°................	1,031	1,030
Total des éléments fixes à 100°.	123 gr.	130 gr.
Beurre.......................	45	40
Lactose......................	53	50
Matières protéiques...........	20	34
Cendres	2	6

Matières grasses : Glycérides neutres en suspension sous forme de petits globules (5 millions environ par mm^3). Enveloppe spéciale? — Constitue le beurre, formé de : 92 à 93 0/0 de glycérides à acides gras fixes (oléine, palmitine et stéarine), et de 7 à 8 0/0 glycérides à ac. volatils (butyrine, caproïne et caprine). Par repos les mat. grasses montent à la surface du lait et forment la *crème* (10 à 12 0/0).

Lactose : Corps étudié dans la 1re partie. — Ignorance absolue sur sa production dans les mamelles. — Fermentation lactique.

Matières protéiques ou caséine : Leur état dans le lait. — Le lait filtré à travers un filtre de porcelaine dégourdie ne contient plus de caséine. — Les acides libres, minéraux et organiques, la présure (muqueuse stomachale) coagulent les caséines du lait, qui entraînent les mat. grasses.

Petit lait ou sérum. — Sa préparation — ses usages médicaux. — Petit lait factice — examen chimique du petit lait ; il renferme la lactose, les sels et un peu d'albumine.

A la temp. de 100° il se forme à la surface du lait une pellicule de caséine solidifiée.

Sels : NaCl ; KCl ; phosphates de chaux, de magnésie, et alcalins.

Analyse du lait : 1° *Densité,* Lactodensimètre de Quévenne (influence de la temp^{ro}, doit être ramenée à $\theta = 15°$), le lait doit marquer 30° environ. — Densimètres thermiques spéciaux. Défectuosité de ces instruments. Laits crémeux. Laits écrémés add. d'eau.

Dosage de l'extrait sec : Plusieurs méthodes ; évaporation au BM de 10^{cc} de lait add. d'une g^{tte} d'acide acétique cristallisable.

Dosage du beurre : 1° Par épuisement de l'extrait au moyen d'un dissolvant. — 2° Par la méthode Marchand ; lactobutyromètre ; modification de cet appareil. Modèle d'Esbach. Formules spéciales pour la liq. éthéro-alcoolique ammoniacale.

Dosage de la lactose : 1° Par la liq. de Fehling. Lait au 1/10 add. de qq. g^{ttes} d'ac. acétique et filtré.

2º Par le polarimètre. Coagulation par un liquide plombique ou par l'oxyde de mercure.

Dosage de l'acidité.
Dosage des mat. albuminoïdes. — Caséine.
Dosage des cendres.
Falsifications : Écrémage, mouillage et autres falsifications.

ALIMENTS FÉCULENTS : Les *céréales* les plus importantes au point de vue de l'alimentation humaine sont : le froment, le seigle, l'orge et le blé noir ou sarrasin. — Riz.

COMPOSITION : 1º Matières hydrocarbonées : amidon, dextrine, glucose, cellulose.

2º Matières albuminoïdes : gluten 16 0/0 d'A.

3º Matières grasses.

4º Matières minérales (phosphates, chlorures de Ca, Na, K).

ANALYSES DES CÉRÉALES : Dosages de l'eau, de l'amidon et des dextrines; de la cellulose, des matières azotées, des matières grasses et des cendres.

FARINES : Produit de la mouture des grains (céréales, légumineuses, etc.).

MEUNERIE : Meules; appareils à cylindres, broyeurs. — Mouture haute : concassage et blutage 20 0/0 farine 1er jet, 54 0/0 gruaux et 26 0/0 divers, desquels on retire par des moutures successives toute la farine; le reste, 21 0/0 environ, comprend le son et les issues. — Mouture basse : écrasage en une seule fois et blutage de la boulange, 50 0/0 farine 1er jet et 50 0/0 de gruaux et sons.

RENDEMENT MOYEN DU BLÉ : Farines 1re, 2e et 3e, 76 0/0; issues (remoulages, sons, déchets) 23 0/0.

COMPOSITION MOYENNE D'UNE BONNE FARINE : Eau 12 à 14 0/0; gluten desséché 10 à 12; amidon 72 à 75; matières grasses 1; cellulose 0,60; mat. minérales 0,5 à 1.

ANALYSE DE LA FARINE : 1º *Examen physique :* aspect, consistance, odeur, saveur, couleur.

2º *Détermination de l'humidité :* 6 h. de chauffage à 115º. (La farine sèche exposée dans un lieu humide absorbe, en 24 heures, toute l'eau que la dessiccation lui a fait perdre.) — Farines étuvées.

3º *Dosage des subst. minérales :* Par incinération du produit desséché.

4º *Dosage du gluten :* Faire une pâte avec 30 gr. de farine et 15 gr. d'eau; au bout de 2 heures on l'introduit dans un petit nouët qu'on malaxe sous un filet d'eau. — L'amidon est entraîné et le gluten reste sous forme de masse grisâtre molle et élastique, on le pèse humide (28 à 30 0/0), on le dessèche à 100º et on le pèse de nouveau (10 à 12 0/0).

Le gluten humide chauffé à 180º se dilate d'autant plus qu'il est plus pur et provient d'une farine de bonne qualité. — Aleuromètre de Boland (7 gr. de gluten humide) 25º à 26º pour les bonnes farines.

5° *Dosage de l'acidité* (macération dans l'alcool à 30 0/0 et dosage en présence du phénol-phtaléine).

6° *Examen microscopique* : de l'amidon et recherche des fécules étrangères.

GLUTEN : Mélange de plusieurs albuminoïdes (M. Ritthausen).

1° *Gluten-caséine* ou *fibrine végétale* de Liébig : insol. dans l'alcool et dans l'eau; sol. dans les alcalis et l'acide acétique concentré. — Bouilli avec SO^4H^2 étendu donne : leucine, tyrosine, ac. glutamique et ac. aspartique.

2° *Gluten-fibrine, gliadine* et *mucédine :* sol. dans l'alcool.

USAGES MÉDICAUX : Pain de gluten pour diabétiques (mél. de gluten frais et de farine; cuit comme le pain ordinaire).

PANIFICATION : Pain : 1° Délayage du *levain* dans l'eau nécessaire; salage. — 2° Frosage ou mélange de la totalité de la farine avec ce liquide et pétrissage (à la main ou à la mécanique). — 3° Découpage et patinage, fleurage (farine de maïs). — Introduction dans la couche. — La fermentation se produit et CO^2 fait lever le pain. — Il faut éviter qu'il se produise acide acétique. — 4° Cuisson dans les fours. — Volatilisation d'une certaine quantité d'eau; dilatation de CO^2 et hydratation de l'amidon. — L'intérieur du pain ne doit pas être chauffé au-dessus de 100°. — La température de la surface, qui atteint 200°, a pour effet de former la croûte : l'amidon se torréfie, se convertit en dextrine, de même que le gluten se dessèche.

COMPOSITION DU PAIN : Eau 35 0/0; mat. azotées 7 à 8 0/0; amidon 52 à 54 0/0; glucose et dextrines 4; mat. grasses 0,50; cendres 2.

ALTÉRATIONS : moisissures; taches noires, *Rhizopus nigricans;* taches blanches, *Mucor mucedo, Botrytis grisea;* taches rouge-orange *Thamnidium* et *Oïdium aureum;* taches vertes ou bleues, *Penicillium glaucum* et *Aspergillus glaucus.*

FALSIFICATIONS : Addit. d'eau en trop grande quantité; add. d'alun, de sulfate de cuivre, de borax, de poudres inertes, et de fécules étrangères ou de fécules avariées.

ANALYSE DU PAIN.

PATES ALIMENTAIRES : Vermicelle, semoule, macaroni, etc., préparées avec farine de blé dur plus riche en gluten, par pétrissage et moulage.

COMPOS. DU MACARONI : Eau 12 0/0, gluten 21, amidon 65.

COMPOS. DU VERMICELLE : Eau 12 0/0, gluten 10, amidon 75. Coloration jaune : couleurs permises : curcuma, safran, bois jaune; matières interdites : chrysaniline, dinitronaphtol ou jaune d'or, etc., etc.

ANALYSE DES PATES ALIMENTAIRES.

PATISSERIES : Préparat. avec farines, sucre, beurre et œufs.

FALSIFICATIONS : Emploi de la vaseline, des matières colorantes interdites.

ANALYSE DES PATISSERIES.

CHOCOLAT : Mélange intime de cacao torréfié et débarrassé de ses coques, germes et membranes, avec du sucre. — Les bons chocolats contiennent parties égales de cacao et de sucre; les chocolats ordinaires 40 0/0 de cacao et 60 0/0 de sucre. — Chocolats féculés, ferrugineux, à la vanille, etc., etc.

FALSIFICATIONS : Corps gras étrangers, poudres diverses, fécules, dextrines, etc., etc.

ANALYSE DU CHOCOLAT : 1° Humidité 6 h. à l'étuve à 110° (2 gr. 0/0). — Cendres par incinération du produit desséché (1,5 à 2 0/0). — 2° Extraction des corps gras (chloroforme à froid); évaporation et dessiccation (23-26 0/0). — 3° Vérification de leur point de fusion (30°-31°). — 4° Extraction des principes solubles dans l'eau : sucre, gommes et dextrines, et dosage du sucre au Fehling après interversion (50 0/0). — 5° Dessiccation et pesage du résidu insoluble (cellulose, fécule de cacao; il doit être égal environ aux 6/10 du poids du beurre de cacao; les fécules étrangères et poudres inertes sont en plus). — 6° Examen microscopique du résidu insoluble.

3ᵉ Sous-Division. — EXCRETA ET CONCRÉTIONS DIVERSES.

BILE : Sécrétée par le foie et déversée dans l'intestin grêle. — Liq. jaune rougeâtre chez l'homme, vert chez les herbivores; saveur fade et amère; consistance visqueuse.

COMPOSITION : Eau; sels d'ac. biliaires; graisses; mat. colorantes; mucus; cholestérine; sels organiques et composés divers.

ANALYSE DE LA BILE : Diagnose et dosage des éléments constitutifs.

RÔLE DE LA BILE DANS LA DIGESTION : Ce n'est pas un liquide digestif. — Elle dissout et émulsionne les corps gras; — sature l'acidité du chyme; — facilite l'absorption des graisses; — retarde les décompositions putrides dans les intestins; — une grande partie est éliminée avec les *fèces*.

ACIDES BILIAIRES : ACIDE GLYCOCHOLIQUE ou CHOLIQUE $C^{26}H^{43}O^{6}A$: En petite quantité dans la bile humaine; principalement dans celle des herbivores. — Cristaux aiguillés inaltérables; peu sol. dans l'eau froide, plus sol. dans l'eau chaude et l'alcool; insol. dans l'éther. — Dextrogyre.

PRÉPARATION : Concentration de la bile de bœuf, précipitation par l'alcool du pigment, du mucus et des sels organiques; décoloration par noir animal; évaporation et purification du résidu.

PROPRIÉTÉS : Décomposé par HCl ou BaO étendus et bouillants en glycocolle et *acide cholalique* $C^{24}H^{40}O^{5}$; corps blanc peu soluble dans l'eau, soluble dans l'éther, saveur très amère.

La *Dyslysine* $C^{24}H^{36}O^{3}$ provient de la déshydratation de l'acide cholalique.

ACIDE TAUROCHOLIQUE ou CHOLÉIQUE $C^{26}H^{45}O^{7}AS$. : Cristaux altérables à l'air, très sol. dans l'eau et dans l'alcool, insol. dans l'éther. — Dextrogyre.

PRÉPARATION : Retiré de la bile du chien.

PROPRIÉTÉS : Dédoublable en *taurine* et en acide *cholalique*. — La *taurine* ou *iséthionamine* ou *acide aminohydroxéthylènesulfureux* $AH^{2}-CH^{2}-CH^{2}-SO^{3}H$ est solide, saveur piquante, sol. dans 15 p. d'eau.

SYNTHÈSE : 1° Act. de PCl^{5} sur acide iséthionique $Cl-CH^{2}-CH^{2}-SO^{3}Cl$ et 2° act. de $H^{2}O$ et AH^{3} sur le composé obtenu.

RÉACTIONS DES ACIDES BILIAIRES : 1° (Pettenkofer) donnent coloration pourpre par addition d'un peu de sucre et de $SO^{4}H^{2}$ à temp. de 70°. —

2° Recherche dans urines sur extrait alcoolique ou sur papier imprégné d'urine légèrement sucrée et desséché.

PIGMENTS BILIAIRES : Extraction des calculs biliaires; séparation grâce à leurs solubilités différentes.

Bilirubine $C^{16}H^{18}O^3A^2$: Poudre amorphe, rouge orangé. — Insol. dans l'eau; peu sol. dans l'alcool et dans l'éther; sol. dans le chloroforme. — Combinable aux bases, soluble dans l'éther et insoluble dans le chloroforme. — Paraît dériver de l'hémoglobine. — Les oxydants la transforment en biliverdine; les réducteurs : (H naissant) en *hydrobilirubine* (matière colorante de l'urine ou *urobiline*).

Biliverdine $C^{16}H^{18}O^4A^2$: Poudre amorphe, verte; insoluble dans l'eau, l'éther et le chloroforme; sol. dans l'alcool; sol. dans les alcalis. — Donne par H naissant l'*hydrobilirubine*.

Bilifuscine $C^{16}H^{20}O^6A^2$: Poudre amorphe, noir verdâtre; insol. dans l'eau, l'éther et le chloroforme; sol. dans l'alcool, col. verte..

Biliprasine $C^{16}H^{22}O^6A^2$: Poudre amorphe, noir verdâtre; insol. dans l'eau, l'éther et le chloroforme; sol. dans l'alcool, col. verte.

RÉACTIONS DES PIGMENTS BILIAIRES : AO^3H fumant donne, au contact des solutions de pigments biliaires, les couleurs suivantes : vert, bleu, violet, rouge et jaune.

RECHERCHE DES PIGMENTS BILIAIRES : Dans les tissus et liquides de l'organisme.

CALCULS BILIAIRES : Calculs de cholestérine. — Aspect caractéristique. — Calculs de sels biliaires à base de Ca.

DIAGNOSE DE CES CALCULS ET LEUR ANALYSE.

SÉROSITÉS : liquides faiblement alcalins, souvent limpides, incolores ou jaunâtres, mobiles ou visqueux, renfermés dans les cavités séreuses et les exsudats : Kystes, phlyctènes, larmes, etc.

COMPOSITION : Eau, sérine, globulines, graisses, savons, cholestérine, sels minéraux dans les *sérosités normales*. — Mucine, paralbumine et métalbumine, caséine, peptones, colloïdine, pigments divers, matières extractives azotées, glucose dans les *sérosités pathologiques*.

Elle renferme qqf. des : hématies, leucocytes, cellules épithéliales, fibrine, des globules graisseux (sérosités chyleuses), etc.

ANALYSE DES SÉROSITÉS : 1° Dosage de : eau, matières fixes totales, sels minéraux. 2° Dosage des matières albuminoïdes totales par coagulation à chaud ou par l'alcool, lavage du résidu à l'alcool et à l'éther. 3° Recherches et dosages spéciaux : *fibrine :* repos et filtration sur filtre taré. — Caséines, mucine, paralbumine et sérine.

Dosage de la graisse dans les sérosités chyleuses : épuisement par liqueur éthéro-alcoolique ammoniacale, formule d'Adan et évaporation de la couche supérieure.

SUEUR : Sécrétion cutanée; liq. incolore plus ou moins limpide; odeur variable; saveur salée. Réaction variable.

COMPOSITION: Solution aqueuse très étendue de qq. sels minéraux; Cl, SO⁴H², PO⁴H³ de Na, K, Ca; de sels à acides gras volatils: formique, acétique, butyrique et propionique; d'urée; de créatine, et tenant en suspension des cellules épithéliales et des microbes divers.

Sueurs pathologiques : renferment en plus d'autres principes, qqf. des matières colorantes biliaires.

ANALYSE DE LA SUEUR.

MATIÈRE SÉBACÉE : Masse caséeuse blanchâtre renfermant des cellules graisseuses, des déchets épithéliaux et des cristaux spéciaux rhombiques ou en aiguilles, des albuminoïdes (caséines), de la cholestérine, des chlorures et phosphates alcalins.

CÉRUMEN : Même composition générale, — renferme en plus du savon potassique et une matière jaune, amère, soluble dans l'eau.

PUS : formé de corpuscules analogues aux leucocytes, nageant dans un sérum jaunâtre renfermant des mat. albuminoïdes et extractives : urée, sucre, leucine. — Qqf. coloré : *pyocyanine* (pus bleu), subst. cristallisable, production microbienne (vibrions). — Act. de AH³ sur le pus.

URINES : Son excrétion — rein — urétères — vessie.

COMPOSITION NORMALE : Eau; urée; ac. urique; hippurique; créatine? et créatinine; xanthine et hypoxanthine; matières colorantes et extractives; traces de glucose, d'acides gras, de phénols et de mucine; sels minéraux : NaCl; sulfates et phosphates alcalins et alcalino-terreux. — Leucomaïnes?

Les urines *pathologiques* peuvent renfermer en outre : Albumines; sucres réducteurs; inosite; acides gras volatils; matières colorantes biliaires et sels biliaires; hémoglobine et ses dérivés; leucine; tyrosine; cystine; taurine; leucomaïnes diverses et ferments solubles; carbonate d'ammoniaque; oxalate de chaux; phosphate ammoniaco-magnésien et élément figurés divers : épithéliums divers, cylindres rénaux, microbes, leucocytes, hématies, spermatozoïdes, cristaux divers, etc.

Les urines peuvent renfermer en totalité ou en partie, en nature ou modifiées, les substances médicamenteuses ingérées.

Ce que devient l'urine abandonnée au contact de l'air : S'oxyde et se colore, son acidité augmente, elle laisse déposer des sédiments. — Puis son acidité diminue, elle devient alcaline et subit la fermentation ammoniacale; elle laisse déposer des phosphates terreux, du phosphate ammoniaco-magnésien, de l'urate d'AH³, etc. (Voir Urée.)

ANALYSE DES URINES : *Opérations générales:* 1° Recueil et mesurage de l'urine émise en 24 heures consécutives. — Précautions à prendre.

2° Détermination de la densité à 15° par les densimètres ou la méthode du flacon. — Correction relative à la température : la troisième décimale est augmentée ou diminuée d'une unité si la température est de 3° au-dessus et au-dessous de 15°.

3° Examen de l'aspect physique et de la coloration. — Urines limpides et non sédimenteuses. — Urines limpides sédimenteuses. — Urines troubles. — Urines: fluides; épaisses; filantes: fluorescentes; jaunes (pâle, clair); rougeâtres; brunes. — Les neuf teintes de Vogel, obtenues par des mélanges de gomme-gutte, de laque carminée et de bleu de Prusse. — Odeur de l'urine.

Examen spectroscopique de l'urine — spectre d'absorption de l'urobiline. — Urochrome de Thudichum.

4° Réaction de l'urine : Déterminée au tournesol (urines amphotères). — Dosage de l'acidité (elle est due, à l'état normal, aux phosphates acides) : directement par alcali décinormal et phénol-phtaléine, par la méthode de Maly (indirecte).

5° Évaluation de la totalité des principes solides : Évaporation à BM à 100° d'un volume donné d'urine. — Méthode densimétrique : les deux derniers chiffres du nombre qui représente la densité à 15° exprimée avec trois décimales sont multipliés par 2.3. (Nombre approximatif.)

On rapporte généralement les résultats au litre, et souvent à la totalité de l'urine des 24 heures.

6° Évaluation des sels minéraux : incinération au rouge sombre de l'extrait obtenu par évaporation.

7° Le total des éléments organiques s'obtient en retranchant les cendres du poids de l'extrait.

8° Examen microscopique des sédiments urinaires : sédiments organisés et non organisés.

DOSAGES DES ÉLÉMENTS CONSTITUTIFS LES PLUS IMPORTANTS: *Urée:* Dosage à chaud par l'hypochlorite de chaux alcalin : procédé Davy; Lecomte.

Dosage à froid par l'hypobromite de soude alcalin : procédés et appareils divers : Yvon, Reygnard, Blarez, Esbach, Denigès, etc., etc.

Dosage par le procédé Liébig, à l'azotate mercurique.

Dosage par le procédé Millon (mélange renfermant des azotates de mercure et de l'acide azoteux). — Modification Bouchard.

Dosage de l'urée à l'état de sel ammoniacal. (Voir Urée.)

Acide urique : Dosage pondéral : précipitation par addition de HCl. — Cristallisation dans un endroit frais. — Correction relative à la masse de liquide.

Dosages volumétriques : par le MnO^4K après séparation de l'ac. urique de l'urine. — Remarques à propos de ce dosage. — Autres méthodes volumétriques.

Évaluation des autres matières extractives : Par différence.

Recherche de la créatinine : a. Par précipitation avec le $ZnCl^2$ en solution alcoolique.

b. Par précipitation en milieu acide au moyen du phosphotungstate de soude.

Dosage du chlorure de sodium : Volumétrique : par une solution titrée de AO^3Ag et chromate jaune comme indicateur, après destruction des matières organiques qui gênent la réaction, soit par calcination avec AO^3K, soit par ébullition avec MnO^4K et un peu d'acide acétique.

Dosage de l'acide phosphorique : Volumétrique : au moyen de la précipitation à chaud par une solution titrée d'azotate d'urane. — Ferrocyanure de K comme indicateur. — Emploi de la teinture de cochenille.

Dosage de l'acide sulfurique : 1° Pondéral : par précipitation en milieu acide au moyen du $BaCl^2$.

2° Volumétrique : par approximation successive au moyen d'une solution titrée du $BaCl^2$.

RECHERCHES ET DOSAGES DES ÉLÉMENTS ANORMAUX LES PLUS IMPORTANTS :

Albumines : Sérine, globulines, fibrine, mucine, peptones : aspect des urines albumineuses : action de la chaleur sur une urine albumineuse neutre ou légèrement acide : coagulation. — Coagulation par AO^3H à froid ; par acide acétique et cyanoferrure de K ; par le phénol (réactif Méhu) ; l'acide picrique ; l'iodure de K et de Hg (réactif Tanret) ; acides : métaphosphorique ; phosphomolybdique et phosphotungstique. (Voir pour les séparations les caractères particuliers des subst. albuminoïdes.)

La *mucine* précipite à froid par l'ac. acétique. — Recherche de la *peptone* lorsque l'urine ne renferme pas ou renferme d'autres albuminoïdes.

Dosage des albumines : 1° Dosage pondéral : coagulation par la chaleur ; — filtre taré ; — dessiccation après lavage à l'alcool et à l'éther, et pesage.

2° Dosage par les dépôts : précipitation dans tube spécial gradué (Esbach) au moyen du réactif picrique. (Voir Nitrophénol.)

Sucres : Glucose et qqf. lévulose, lactose, maltose et inosite.

Réactif cupropotassique ; liqueur de Fehling ; action des alcalis, du sous-nitrate de bismuth alcalin, etc. (Voir Glucose.)

Dosage au Fehling, — au polarimètre. — Dosage approximatif au moyen de la densité (Bouchardat).

Matériaux biliaires : Recherche des pigments biliaires et des acides biliaires (voir Bile). — Procédés divers.

Indican : Existe aussi dans les urines normales — provient de l'*indol* non éliminé par les fèces et résorbé. — Augmente dans les cas de : choléra, diarrhées continues, typhus, cancer du foie et de l'estomac, affections du système nerveux.

RECHERCHE : Mélange de PE d'urine et de HCl additionné de qq. gouttes d'hypochlorite alcalin, et agitation avec $CHCl^3$ qui dissout l'indigo bleu formé. — Un excès d'hypochlorite transforme l'indigo en *isatine*. — On peut oxyder par MnO^4K. — Examen spectroscopique.

Acétone : Urine 20^{cc} + 1^{cc} réactif Chautard (Solution aqueuse de 0,50 p. 0/00 de fuchsine décolorée par SO^2). — L'acétone et les aldéhydes colorent ce réactif en violet.

Leucomaïnes : Procédé général de recherche (voir Alcaloïdes). — Procédé Bouchard : épuisement direct par l'éther des urines alcalinisées. — Procédé Chibret et Izarn : Act. de l'iod. de K ioduré, on obtient une fluorescence verte.

— 133 —

CALCULS URINAIRES : 1° Combustibles sans résidu ou résidu insignifiant.
Calculs d'acide urique : réaction de la muréxide.
Calculs d'urates : d'AH^3, de Na, de Ca, de Ma : donnent la réaction de la muréxide et les cendres celles du métal; l'urate d'AH^3 donne AH^3 par KOH à chaud.
Calculs de Xanthine; *de Cystine* (très rares).
2° Peu ou pas combustibles. — *Calculs d'oxalate de chaux* (C. muraux) donnent résidu de CO^3Ca.
Calculs de carbonate de Ca; de *phosphate de* Ca; de *phosphate ammoniaco-magnésien*.

EXCRÉMENTS SOLIDES OU FÈCES : Formés : d'eau; des substances introduites dans le tube digestif et n'étant pas susceptibles d'être digérées (cellulose, corne, poils, etc.); des substances digestibles, mais non digérées; des produits excrémentitiels déversés dans l'intestin et non résorbés (produits biliaires); des produits de fermentations secondaires qui ont lieu dans les dernières portions du tube digestif; de microbes et ferments divers; de *stercorine* et *excrétine* (produits se rapprochant de la cholestérine); d'*indol*, de *scatol* et de *phénol*, etc.

Le *scatol* C^9H^9A, homologue supérieur de l'indol. — Corps cristallisable; odeur fécale très tenace et très désagréable.

Composition des fèces : très variable et très complexe. — Aspect et consistance très variable. — Odeur variable, mais spéciale. — Analyse et examen microscopique.

MÉCONIUM.

GAZ INTESTINAUX : CO^2, H, CH^4, A, O, H^2S.

CONCRÉTIONS INTESTINALES : Sable intestinal.

QUESTIONS HYGIÉNOLOGIQUES RELATIVES AUX EXCRÉMENTS SOLIDES ET LIQUIDES : Maladies propagées par les matières fécales. — Désinfection des matières fécales. — Solutions de $ZnCl^2$, SO^4Cu, SO^4Fe.

Moyens de se débarrasser des matières excrémentitielles et des déchets et bourriers des villes (gadoues). — Fosses fixes. — Vidanges. — Fosses mobiles. — Vidangeuses automatiques. — Système du tout à l'égout.

Utilisations des matières de vidanges. — Dépotoirs. — Voiries. — Eaux vannes et poudrettes. — Usines pour le traitement de ces matières en vases clos. — Sels ammoniacaux et poudrettes. — Utilisation des matières vertes en agriculture. — Avantages et inconvénients au point de vue de l'hygiène.

Appendice.

Cycle parcouru par les éléments constitutifs de l'organisme. — Notions élémentaires sur la constitution de la terre arable et sur la culture. — Assimilation du C, de l'H, de l'O, de l'A. — Éléments fertilisants : azote, potasse, chaux, acide phosphorique, etc., etc.

ENGRAIS : Définition, — leur utilité, — leur rapport direct avec la biologie. — Engrais azotés : albuminoïdes : sang, chair, corne, etc.; sels ammoniacaux; azotates. — Engrais potassés : cendres, CO^3K^2, KCl. — Engrais calcique : SO^4Ca, CO^3Ca. — Engrais phosphatés : os, phosphates naturels, phosphates précipités, superphosphates. — Engrais mixtes. — Engrais complexes : fumier de ferme, guano, poudrettes, etc. — Engrais composés.

REMARQUES HYGIÉNOLOGIQUES : Sur les fabriques d'engrais chimiques; sur les dépôts d'engrais.

TRAVAUX PRATIQUES DE CHIMIE

EXÉCUTÉS PAR LES ÉTUDIANTS EN MÉDECINE DE 1re ANNÉE.

Les travaux pratiques sont distribués en trente séances, précédées chacune d'une Conférence spéciale.

Les manipulations ne comprennent que des expériences ayant une utilité pratique au point de vue des études purement médicales : anatomie, physiologie, histologie, hygiène, médecine légale, thérapeutique et cliniques.

Les élèves sont en outre exercés à reconnaître les composés chimiques les plus usuels.

1° *Hydrogène.* — Emploi en physiologie.
2° *Chlore,* chlorures, hypochlorites et chlorates.
3° *Brome,* bromures, hypobromites et bromates.
4° *Iode* et ses dérivés.
5° *Oxygène,* eau oxygénée, oxydes métalliques.
6° *Eaux potables,* — analyse des eaux.
7° *Soufre,* hydrogène sulfuré, sulfures. — *Eaux sulfureuses.*
8° *Gaz sulfureux et dérivés.* — *Acide sulfurique et sulfates.*
9° *Azote et ses dérivés.*
10° *Phosphore et ses dérivés.*
11° *Arsenic, antimoine et leurs composés.*
12° *Bore, carbone, silicium et leurs dérivés.*
13° Action des *acides usuels* sur les *métaux usuels.* — Lois de Berthollet. — *Diagnose* de l'acide et de la base d'un sel simple.
14° Principes de l'*analyse quantitative volumétrique :* acidimétrie et alcalimétrie. — Dosages au moyen de l'iode, du MnO^4K, des sulfures, de l'AO^3Ag.
15° *Substances organiques :* constatation des éléments constitutifs C.H.A.O. — Hydrocarbures principaux et leurs dérivés directs.

16° *Alcools et éthers.* — Saponification. — *Corps gras.* — Aldéhydes et acétones. — Caractères chimiques.

17° Caractères généraux et réactions des principaux *acides organiques.*

18° *Matières sucrées :* caractères et procédés de dosage. — Fermentations diverses.

19° Caractères généraux et réactions des *principaux composés de la série aromatique,* des *matières colorantes* et des *médicaments organiques nouveaux.*

20° *Alcaloïdes :* caractères généraux et réactions des plus importants.

21° *Albuminoïdes :* expériences sur le blanc d'œuf, la sérine, la peptone, la gélatine, etc.

22° Examen des *produits de désassimilation :* urée, acide urique, cholestérine, acides et pigments biliaires, etc.

23° Examen et expériences sur les *sucs digestifs :* salive, suc gastrique, etc., et les ferments solubles.

24° *Sang :* étude chimique et caractères des principes constituants, etc.

25° Examen chimique des *tissus* de l'organisme : tissu osseux, etc.

26° *Vins :* analyse sommaire, alcool, extrait sec, coloration, plâtrage, etc. — *Vinaigres.*

27° *Lait :* dosage des principes constituants : beurre, lactose, etc.

28° *Urines :* caractères généraux et dosage des éléments normaux.

29° *Urines :* Recherches des éléments anormaux. — Dépôts urinaires. — Calculs urinaires.

30° Examen de la *sueur,* des *sérosités* normales et pathologiques. — Liquides kystiques, etc.

En vente chez les mêmes Éditeurs :

ANALYSE CHIMIQUE DES VINS ROUGES DU DÉPARTEMENT DE LA GIRONDE, récolte de 1887, par MM. **U. Gayon, Ch. Blarez** et **F. Dubourg**, in-8°... F. 1 50

LE MÊME, analyse des vins rouges de 1888 et des vins blancs de 1887, par les mêmes auteurs. In-8°.................. F. 1 50

Ces deux travaux sont extraits de la *Feuille vinicole de la Gironde*

ÉTUDE CHIMIQUE ET HYGIÉNIQUE du *Vin en général et du Vin de Bordeaux en particulier*, par **P. Carles**. Bordeaux, 1880, 93 p. .... F. 3 »

MANUEL PRATIQUE DE LA CULTURE DE LA VIGNE *dans la Gironde*, par **Arm. Cazenave**, 2ᵉ édition, illustrée, in-18 jésus........................... F. 3 »

L'ALGÉRIE ET SES VINS, par **L. Berniard**, courtier en vins à Bordeaux; 1ʳᵉ partie: Oran; 2ᵉ partie: Alger. 1 vol. in-18 j., avec carte et vignettes... F. 3 »

BORDEAUX ET SES VINS *classés par ordre de mérite*, par **Ch. Cocks**. 5ᵉ édit., revue et augmentée par **Ed. Feret**, ornée de 225 vues de châteaux vinicoles d'après les dessins d'Eug. VERGEZ. 1 vol. in-12.F. 6 »

LE MÊME, avec 9 petites cartes vinicol. 8 »
LE MÊME, reliure toile anglaise........ 9 50

LE PRIVILÈGE DES VINS A BORDEAUX JUSQU'EN 1789, suivi d'un appendice comprenant le *Ban des Vendanges; des Courtiers; des Taverniers; Prix payés par les vins du XIIᵉ au XVIIIᵉ siècle; Tableau de l'exploitation des vignes en 1775*, par **H. Kehrig**. Bordeaux, 1886, gr. in-8°, 116 p. .... F. 2 50

Ouvrage couronné par l'Académie des Sciences, Belles-Lettres et Arts de Bordeaux.

LA CHIMIE CONTEMPORAINE. — Système atomique. — Théorie et notation. — Comparaison avec les équivalents, par le Dʳ **A. Frebault**, prof. de chimie à l'École de médecine et de pharmacie de Toulouse, 1889, in-8°................... F. 8 »

TRAITÉ DE CHIMIE MINÉRALE ET ORGANIQUE, comprenant la chimie pure et ses applications, par MM. **Ed. Willm**, prof. à la Faculté de Lille, et **Hanriot**, prof. à la Faculté de médecine de Paris. — Paris, 1888-89, 4 vol. gr. in-8°, avec figures dans le texte.................. F. 50 »

On vend séparément :
Tomes I et II Chimie minérale..... F. 25 »
— I et III Chimie organique. ... 25 »

LEÇONS ÉLÉMENTAIRES DE CHIMIE MODERNE, par **Ad. Wurtz**, 5ᵉ édition. — Paris, 1884, in-18, avec 132 fig,. F. 9 »

TRAITÉ ÉLÉMENTAIRE DE CHIMIE, par **L. Troost**, 9ᵉ édit. — Paris, 1887, in-8°, avec 473 figures................ F. 8 »

FEUILLE VINICOLE DE LA GIRONDE, journal vinicole, viticole, scientifique, paraissant le jeudi. Prix du n°: 20 c.

Abonnement pour la Gironde et les départements limitrophes.............. F. 10 »
Pour les autres départements....... 14 »
Pour l'étranger.... .... 15 «

CARTE VINICOLE ET ROUTIÈRE du *département de la Gironde*, par M. **Coutaut**, agent voyer, pour faire suite à *Bordeaux et ses Vins*. 1 feuille gr.-aigle, imp. en 2 couleurs et color. par contrées vinicoles (1886).......................... F. 6 »
LA MÊME, collée sur toile, pliée, cart.. 10 »
LA MÊME, collée sur toile vernie, montée sur gorge et rouleau................ F. 14 »

PETITE CARTE ROUTIÈRE ET VINICOLE *de la Gironde*, dressée par M. **Alfred Lapierre**, secrétaire de la Société de Géographie commerciale de Bordeaux. Une feuille de 0ᵐ55 sur 0ᵐ45, tirée en bleu et en noir, teintée par régions vinicoles ..... F. 3 »
LA MÊME, collée sur toile, pliée, cart. . 5 »
LA MÊME, collée sur toile, vernie, mont. 6 »

CARTE ROUTIÈRE du *département de la Gironde*, par **Alfred Lapierre**. 1 feuille de 0ᵐ55 sur 0ᵐ45 .... F. 1 »

CARTE GÉOLOGIQUE du *département de la Gironde*, dressée par M. **Victor Raulin**. Format gr. aigle.............. F. 6 »

D'UNE CAUSE DE DÉPÉRISSEMENT DE LA VIGNE *et des moyens d'y porter remède*, par **Reinhold Dezeimeris**, correspondant de l'Institut. 2ᵉ mémoire, avec planches hors texte. 1890, in-8°,.... F. 2 »

Bordeaux — Imp. G. GOUNOUILHOU, rue Guiraude, 11

www.ingramcontent.com/pod-product-compliance
Lightning Source LLC
Chambersburg PA
CBHW060136100426
42744CB00007B/800